Andreas Hock

Like mich am Arsch …

riva

Andreas Hock

Like mich am Arsch

Wie unsere Gesellschaft durch Smartphones, Computerspiele und soziale Netzwerke vereinsamt und verblödet

Bibliografische Information der Deutschen Nationalbibliothek:
Die Deutsche Nationalbibliothek verzeichnet diese Publikation in der Deutschen Nationalbibliografie; detaillierte bibliografische Daten sind im Internet über http://d-nb.de abrufbar.

Für Fragen und Anregungen:
like.mich@rivaverlag.de

1. Auflage 2013

© 2013 by riva Verlag,
ein Imprint der Münchner Verlagsgruppe GmbH,
Nymphenburger Straße 86,
D-80636 München,
Tel.: 089 651285-0,
Fax: 089 652096

Alle Rechte, insbesondere das Recht der Vervielfältigung und Verbreitung sowie der Übersetzung, vorbehalten. Kein Teil des Werkes darf in irgendeiner Form (durch Fotokopie, Mikrofilm oder ein anderes Verfahren) ohne schriftliche Genehmigung des Verlages reproduziert oder unter Verwendung elektronischer Systeme gespeichert, verarbeitet, vervielfältigt oder verbreitet werden.

Umschlaggestaltung: Maria Wittek, München
Satz: Grafikstudio Foerster, Belgern
Druck: CPI – Ebner & Spiegel, Ulm
Printed in Germany

ISBN Print: 978-3-86883-330-0
ISBN E-Book (PDF): 978-3-86413-406-7
ISBN E-Book (EPUB, Mobi) 978-3-86413-407-4

Weitere Informationen zum Verlag finden Sie unter

www.riva-verlag.de

Beachten Sie auch unsere weiteren Verlage unter
www.muenchner-verlagsgruppe.de

Inhalt

Am Anfang war der Taschenrechner
Wie die digitale Technik unser Gehirn immer
mehr entmündigt 9

Stumm dank Smartphone
Wie das Handy vom Telefon zum Kommunikationskiller
wurde 25

Like mich am Arsch
Wie Facebook durch unsere Blödheit Milliarden scheffelt 43

Sonnenlicht, Gangnam Style und Flashmobs
Wie mit Youtube jeder Idiot eine Bühne bekommt 65

1000 virtuelle Freunde und trotzdem allein
Wie wir trotz sozialer Netzwerke immer weiter vereinsamen 75

World of Warcraft, Call of Duty & GTA
Wie der Psychopathennachwuchs zu Hause Amokläufe übt 89

Ich weiß, was du letzten Sommer getan hast
Wie jedes harmlose Urlaubsfoto brandgefährlich
werden kann 101

Schalt das Hirn App
Wie wir unser ganzes Leben bescheuerten Anwendungen
anvertrauen 115

Banner, Targeting und Kundenkarten
Wie wir im Werbe-Tsunami absaufen 127

Stupsen, Stalking, Pornosucht
Wie unser Beziehungsverhalten den Bach runtergeht 139

Fettsucht, Mausarm und Cyber-Mobbing
Wie die Technik uns kaputt macht 155

Halt doch mal die #Fresse
Wie uns »Freunde« und Fremde mit Belanglosigkeiten
bombardieren und das Internet jeden kleinen Scheiß
unkontrollierbar macht 167

Letzte Ruhe Datenfriedhof
Wie das digitale Erbe noch für Probleme über den Tod
hinaus sorgt 187

Am Anfang war der Taschenrechner

Wie die digitale Technik unser Gehirn immer mehr entmündigt

Die Geschichte des Menschen ist die Geschichte steten intellektuellen Aufstiegs. Anfangs lebten wir in Höhlen und gingen, wenn der Hunger irgendwann zu groß wurde, auf die Jagd. Dabei hatten nur die Intelligentesten unter uns überhaupt Überlebenschancen. Wer zu blöd war, drohende Gefahren zu erkennen oder ausreichend Essen zu finden, der hatte eben Pech gehabt. Dieser aus evolutionsbiologischer Sicht sehr sinnvolle Selektionsdruck trennte fortan die nutzlosen Schwachköpfe von den allgemeindienlichen Schlauen – und ermöglichte es unserem Gehirn, sich immer weiterzuentwickeln. Wir entdeckten das Feuer und erfanden das Rad. Wir verließen die Höhlen und widmeten uns dem Ackerbau. Später bauten wir stabile Häuser, prunkvolle Schlösser und beeindruckende Staudämme. Manche von uns waren sogar noch klüger als die anderen, sie wurden Astronomen und Geologen und vermaßen die Erde und das All. Irgendwann waren sie sogar in der Lage, Maschinen zu konstruieren, die uns die schwere körperliche Arbeit erleichterten. Bald kamen andere Maschinen dazu, die fahren, schwimmen und fliegen konnten. Es war beeindruckend, wozu der menschliche Geist in der Lage war.

Dann kam der Casio Mini.

Es war 1972, als der japanische Elektronikkonzern den ersten erschwinglichen Taschenrechner auf den Markt brachte. Das Teil war zwar noch so groß wie eine Zigarrenschachtel, kostete umgerechnet stolze 80 Euro und konnte nicht viel mehr als Addieren und Subtrahieren. Aber es verkaufte sich weit über zehn Millionen Mal – erst in Japan, dann in Amerika und schließlich in Europa! Die Menschen überall auf der Welt hatten offenbar keinen Bock mehr, ihre grauen Zellen mit so etwas Profanem wie Mathematik zu belästigen. Seitdem, man muss es leider so deutlich sagen, lässt der schöne Selektionsdruck deutlich nach. Mit dem menschlichen Durchschnittshirn geht es also wieder bergab!

Schon Jahre bevor moderne Computer in unsere Büros und in unser zu Hause einzogen, gewöhnten wir uns daran, dass die Technik uns das Rechnen abnahm. Und wenig später auch noch fast alles andere. Heute vertrauen wir unser ganzes Leben dem digitalen Fortschritt an – sieben Prozent von uns können nicht mehr mit Zahlen umgehen und zehn Prozent nicht richtig lesen! Wir kommunizieren über SMS, Facebook oder Twitter und verlernen zu schreiben. Wir ziehen all unser Wissen aus dem Internet und geben diesem im Gegenzug die vertraulichsten Informationen über uns selbst. Wir lassen zu, dass Algorithmen unser künftiges Verhalten berechnen, und bemerken nicht, wie wir von der Industrie manipuliert werden. Wir bewegen uns zwischen Computern, Smartphones und Clouds. Und während wir uns auf diese Weise seit 30, 40 Jahren um Kopf und Kragen entkultivieren, braut sich irgendwo da draußen ein ganz großes Unheil zusammen!

Der Casio Mini ist natürlich nicht die alleinige Ursache unserer kollektiven gesellschaftlichen Verblödung. Aber durchaus einer der Wegbereiter. Denn unser Gehirn ist mittlerweile vollständig darauf eingestellt, den lästigen Teil der Arbeit möglichst outzusourcen. Dieser Prozess fängt verdammt früh an: Schon für sechs Monate alte Babys gibt es eigens entwickelte Computerprogramme! Die Kleinstkinder sollen damit unterschiedliche Farben und Formen erkennen. Der Haken daran ist nur: Reines Zuschauen an einem Monitor kann neurologisch gesehen in diesem Alter gar nicht mit einem Lernerfolg verbunden sein. Babys erforschen die Welt viel besser und nachhaltiger durch Tasten oder Greifen. Doch so etwas

Altmodisches wie bunte Holzklötzchen sind für die Eltern dieser bedauernswerten Geschöpfe einfach nicht cool genug. Außerdem gibt's von Apple leider noch keine iRassel.

Ungefähr zu der Zeit, als Casio seine digitalen Wunderwerke für den Hausgebrauch auf den Markt brachte, neben dem Taschenrechner auch noch die erste Digitaluhr, gelang es einer Firma namens Intel, erstmals einen Mikroprozessor in Serie herzustellen. Zuvor wurden die Hersteller der bis dato gemeinhin gigantischen Datenverarbeitungsapparate wie IBM, Hewlett-Packard oder Nixdorf selbst von vielen Wissenschaftlern belächelt. Die Kosten von umgerechnet einem durchschnittlichen Bruttojahresgehalt und mehr pro Gerät standen kaum in einer Relation zum Nutzen. Das, was zum Beispiel der HP 9100A konnte, machte jeder Kaufmannslehrling nach ein paar Monaten Ausbildung in der Buchhaltung besser. Doch die plötzlich so winzigen Prozessoren veränderten alles! Binnen weniger Jahre explodierte die Leistungsfähigkeit der Chips. Das Computerzeitalter hatte endgültig begonnen.

Anfangs wurden die neuartigen EDV-Maschinen nur in Büros und Rechenzentren eingesetzt. Doch 1982 kam mit dem Commodore 64 der erste massentaugliche Heimcomputer auf den Markt. Trotz seines aberwitzigen Preises von zunächst über 1200 Mark wurde der C64 schnell zum Bestseller. Zwar bot er im Vergleich zu den heutigen Potenzialen jedes billigen Aldi-PCs lediglich den Speicherplatz eines Bierdeckels. Aber trotz seiner bescheidenen Möglichkeiten waren prompt Hunderte Programme erhältlich. Das meiste davon war nicht weiter von Belang und sah bei Lichte betrachtet auch damals schon ziemlich beschissen aus. Aber die ganze Materie war eben neu und deswegen trotz einer wirklich elenden Grafik und eines noch viel schlimmeren Klangs unfassbar cool: Dank des C64 konnten wir zu Hause alleine Schach spielen, gegen unseren besten Kumpel Autorennen fahren, gemeinsam Vampire jagen und sogar einfache Tabellenkalkulationen erstellen, um Muttis Haushaltskasse zu systematisieren!

Wir waren plötzlich modern.

Dabei konnte selbst dieser beige 8-Bit-Amateur schon richtig gefährlich werden: Dank seiner einfachen Programmiersprache Basic schickten sich zahllose selbst ernannte Softwareentwickler an, in Heimarbeit eine ganze Reihe schwachsinniger Programme zu produzieren, die dann massenweise kopiert und unter der Hand getauscht wurden! Aufgrund der leicht nachvollziehbaren Basic-Befehle fanden in der Blütezeit des C64 üble Machwerke den Weg auf die Schulhöfe, sodass die Kultusbehörden seinerzeit vor einer unbeaufsichtigten Benutzung des Computers warnten. Uns aber gelang es, unsere Eltern trotz der Aufregung zu beschwichtigen. Also ließen wir uns den C64 zum zehnten Geburtstag schenken und kauften uns für unser Taschengeld stapelweise Fachmagazine, die außer Testberichten vorwiegend sogenannte Listings abdruckten. Das waren endlose Zahlen-Buchstaben-Kombinationen, die man Zeile für Zeile abtippen musste und die ein vollwertiges Programm ergaben. Eintöniger konnte man als Schüler seinen Tag ganz sicher nicht zubringen, aber am Ende stand, wenn man sich nicht irgendwo verschrieben hatte, ein neues spektakuläres Spiel wie »Boulder Dash«. Trotz dieser wahnsinnigen Sisyphosarbeit – oder vielleicht auch deshalb – entstand binnen weniger Jahre eine digitale Massenepidemie. Bis Ende der Achtziger verkaufte sich der Brotkasten fast 30 Millionen Mal.

Von da an ging es Schlag auf Schlag! Nur einige Zeit später etablierte Commodore bereits den sehr viel leistungsfähigeren Amiga 500 sowie Atari das ähnlich ausgestattete Konkurrenzprodukt ST, die beide bereits den zehnfachen Speicherplatz boten. Auch hier gehörten wir natürlich zu den Pionieren: Weil der bis eben noch schwer angesagte C64 auf einmal die Coolness eines Helmut Kohl ausstrahlte, quengelten wir so lange herum, bis das ausgediente Elektronenhirn samt Datasette und eines ganzen Kartons voller Raubkopien über ein Kleinanzeigenblatt an eine siebenköpfige Familie verkauft wurde und ein Amiga unter dem Weihnachtsbaum lag.

Kurz darauf gelang es Microsoft, sich mit seiner neu entwickelten Benutzeroberfläche Windows den Software-Markt untertan zu machen, was uns zu diesem Zeitpunkt allerdings einen feuchten Kehricht interessierte! Schon eher faszinierte uns, dass Sega, Nintendo und später Sony nach und nach ihre ersten Spielkonsolen unters Volk brachten und sich dabei erst gar nicht bemühten, irgendwelche sinnvollen Programme für die Geräte anzubieten. Während wir unseren Eltern erzählten, mit unserem Amiga prima Hausaufgaben machen zu können, obwohl wir lediglich »Kick-off« spielten, boten die Konsolen mit Spielen wie »Destruction Derby« oder »Tekken« einen Quantensprung in Bezug auf Grafik und Sound. Klar, dass wir auch hier mitmischen wollten! Das sauer verdiente Geld eines vierwöchigen Ferienjobs im Getränkemarkt um die Ecke investierten wir in ein »Sega Master System« und fühlten uns ab diesem Augenblick der technischen Elite des Landes zugehörig. Dass gleichzeitig die Risikofaktoren für Zivilisationskrankheiten um ein paar schöne Ursachen wie mediale Reizüberflutung, Bewegungsmangel und Vereinsamung erweitert wurden, konnten wir seinerzeit beim besten Willen nicht absehen. Dafür war »Rocky V« einfach viel zu geil programmiert!

Nintendos »Gameboy« gab uns Anfang der Neunziger dann schon mal einen kleinen Vorgeschmack darauf, inwieweit sich auch unser sozialer Umgang verändern würde, wenn jeder von uns erst mal einen Apparat in der Hand hat, der unsere sensorischen Hirnbereiche praktisch vollständig in Anspruch nimmt! Da selbst der lausige Gameboy mit knapp 60 Frames pro Sekunde arbeiten konnte, unser Bewusstheitsumfang aber maximal 16 Eindrücke in dieser Zeit zu verarbeiten vermag, war es kein Wunder, das alles andere um uns herum auf der Strecke blieb. Dabei waren wir von den multifunktionalen Smartphones der Gegenwart noch Lichtjahre entfernt. Doch in öffentlichen Verkehrsmitteln, an familiären Esstischen oder an jedem sonstigen Ort, an dem man sich zuvor noch mit seinen Mitmenschen wie Eltern, Geschwistern oder Freunden unterhalten oder wenigstens ein Buch gelesen hat, daddelten wir plötzlich apathisch vor uns hin. »Tetris«, »Super Mario Bros.« oder »Zelda«

hießen die erfolgreichsten Spiele für den grauen Kommunikationskiller, der insgesamt 120 Millionen Mal verkauft wurde. Dabei war die Software für den »Gameboy« und seine späteren Nachfolge- und Ablegerprodukte noch vergleichsweise bieder und weit vom blutrünstigen Programmiermüll späterer Zeiten entfernt. Doch am digitalen Horizont kündigte sich bereits weiteres Unheil an!

1993 wurde die erste Internetseite öffentlich zugänglich. Das war zu diesem Zeitpunkt lediglich ein vom Physiker Tim Berners-Lee erstellter Screenshot, auf dem in grober Schrift erklärt wurde, was das seltsame World Wide Web eigentlich sein sollte und wie man an einen Webbrowser kommen würde. Wer sich das langweilige Ding einmal anschauen möchte – eine Kopie ist auf dem Online-Auftritt des europäischen Kernforschungszentrums CERN zu sehen.

Man mag kaum glauben, dass das allumfassende Netz, wie wir es kennen, noch vor 20 Jahren vollkommen unausgereift war – doch das zeigt nur, welchen fundamentalen gesellschaftlichen Wandel das Internet seitdem ausgelöst hat. Ein Wandel, der amerikanischen Soziologen zufolge weitaus größer und noch immer unberechenbarer ist als jener, den der Buchdruck und die Industrialisierung zusammen hervorgerufen haben! Schätzungsweise eine Milliarde Websites gibt es bis jetzt. Sie dokumentieren außer einigen wichtigen oder ungleich mehr unwichtigen Informationen auch jeden noch so abwegigen Abgrund, den die versammelte Menschheit so zu bieten hat. Jede einzelne Minute werden weltweit 70 neue Domains registriert, 204 Millionen E-Mails verschickt und zwei Millionen Google-Anfragen gestellt. Insgesamt werden alle 60 Sekunden 650 Terabyte hin- und hergesendet. Kein Wunder, dass bei so vielen Daten, die auf diese Weise im Umlauf sind, viele Leute unerkannt zu Verbrechern, Fanatikern oder wenigstens zu Verrückten werden. Und Geheimdienste paranoid.

Fakt ist: In Industrienationen setzen sich die Kids heute durchschnittlich mit sieben Jahren zum ersten Mal an einen PC! Noch vor wenigen Jahren lag das Einstiegsalter bei knapp zehn. Familien ohne einen heimischen Internetzugang gibt es in Europa praktisch nicht mehr: In 98 Prozent aller Haushalte, in denen Kinder leben, existiert auch ein Online-Anschluss. Parallel dazu ergab eine Studie der Stiftung Lesen, dass bereits 25 Prozent aller Befragten nie und weitere 25 Prozent so gut wie nie zu einem Buch greifen. Das sind doppelt so viele wie noch Anfang der Neunzigerjahre. Aber warum sollten sie das auch tun? Bevor man sich durch einen ganzen Wälzer arbeiten muss, um zu wissen, worum es darin geht, kann man sich jede einzelne Information viel schneller auch aus dem Netz holen. Und wer so früh beginnt, sich sein gesamtes Wissen nur noch punktuell zusammenzugoogeln, bei dem ist es kein Wunder, wenn er später ganze Doktorarbeiten aus dem Netz zieht.

Dabei ist das wahrscheinlich noch die sinnvollste Nutzung dieser Datenschleuder! Denn wer die meiste Zeit vor dem Computer sitzt, ist keineswegs auf dem Weg zum gefragten IT-Genie, sondern nachweislich schlechter in der Schule! Das belegen verschiedene internationale Untersuchungen zweifelsfrei. So ergab zum Beispiel eine Analyse unter Berliner Jugendlichen eine im Schnitt um 0,4 Notenpunkte schlechtere Leistung bei jenen Schülern, die drei Stunden und mehr pro Tag am Bildschirm verbrachten als bei den weniger am PC aktiven Klassenkameraden. Da können die Befürworter digitaler Medien noch so sehr auf die vorteilhafte Wirkung von hochwertiger Lernsoftware etwa auf das logische Denkvermögen bei Heranwachsenden verweisen: Wer sich nach der letzten Schulstunde den gesamten Nachmittag lang »Zombie Assault 3« reinzieht, dürfte sich die überschaubaren positiven Effekte wieder weitgehend aus der Birne ballern.

Dass ein Computer alleine nicht das Denken verbessert, musste exemplarisch vor einigen Jahren auch die rumänische Regierung erfahren: Die Regierung des normalerweise nicht gerade als Fortschrittsmotor bekannten Karpatenstaats wollte mit einem teuren Programm die Bildung von Kindern aus Familien mit niedrigem Einkommen verbessern und schenkte Zigtausenden Eltern einen Gutschein für den Kauf eines Heimcomputers. Ein teurer Flop, wie zwei

US-Forscher herausfanden, die nach einem Jahr rund 3000 rumänische Familien befragten, die an dem Programm teilgenommen hatten. Das ernüchternde Ergebnis: Die Noten der Kinder in den wichtigsten Fächern – darunter Englisch und Mathe – hatten sich deutlich verschlechtert! Da hätten die Rumänen die vielen Millionen doch lieber in den Ausbau ihrer Trinkwasserversorgung gesteckt, zu der noch immer die Hälfte der Bevölkerung keinen Zugang hat. Aber wer in der EU braucht schon fließend Wasser, wenn er aus Brüssel die Förderung für einen Internetanschluss bekommen kann?

In einer groß angelegten Befragung des Chip-Herstellers Intel gab fast die Hälfte der Teilnehmer an, ihren Computer aufrichtig zu lieben. Sogar zwei Drittel können demzufolge auch im Urlaub nicht auf PC oder Laptop verzichten. Ohne den Computer gar nicht mehr existieren will ein gutes Viertel – und das, obwohl wir im Laufe unseres Lebens statistisch gesehen alleine 85 endlose Tage darauf warten müssen, bis die Dreckskiste überhaupt hochgefahren ist! 17 Prozent aller Laptop-Besitzer nehmen das tragbare Gerät sogar mit auf die Toilette. Dass dieses Verhalten irgendwie scheißdoof ist, muss man eigentlich gar nicht dazusagen. Dabei ist die massive Computer- und Internetnutzung nur eine Seite des Problems. Beinahe genauso gefährlich für unsere grauen Zellen, weil schleichend und mehr oder weniger unauffällig vonstattengegangen, ist die Digitalisierung der anderen Bereiche unseres Alltags, in denen wir immer öfter den gesunden Menschenverstand ab- und stattdessen irgendeine Maschine anschalten.

Nehmen wir nur mal das Auto: Wenn früher unser Wagen alle zwei Jahre zum Kundendienst musste, hat sich der Meister im verschmierten Blaumann unter das Bodenblech gelegt, mit Taschenlampe und Kennerblick Bremsen und Schläuche überprüft, einen Ölwechsel gemacht, das Scheibenwaschwasser aufgefüllt – und meistens war's dann auch wieder gut. Heute legt ein Autohausangestellter im dunklen Designeranzug unseren Schlüssel in eine seltsame Vorrichtung und erhält auf einen Blick sämtliche relevanten und irrelevanten Informationen wie Kilometerstand, Durchschnittsgeschwindigkeit, Reifenabnutzung und wahrscheinlich auch unseren Hochzeitstag. Bevor der Wagen auf die Hebebühne darf, wird erst mal ein Laptop zur exakten Fehlerdiagnose angeschlossen. Da können wir Stein und Bein schwören, erst vor drei Tagen die Kühlflüssigkeit nachgefüllt zu haben – wenn der Hauscomputer von Audi, BMW oder Mercedes anzeigt, dass sie zu niedrig ist, dann ist sie gefälligst zu niedrig! Selbst erfahrene Kfz-Mechaniker verzweifeln inzwischen an der Komplexität der digitalen Gadgets in einem normalen Wagen, die ohne ein mehrjähriges Mechatronik-Studium kaum noch zu durchblicken sind. Navigationssystem, Bordcomputer, Licht- und Regensensor oder Einparkautomatik gehören selbst in der unteren Mittelklasse inzwischen zur unspektakulären Serienausstattung. Für ein paar Hundert Euro extra gibt's dann WLAN im Wageninneren oder ein Multifunktionsdisplay mit Online-Zugang.

Überhaupt das Navi – hier verfahren wir sowieso nur zu gerne nach dem Motto »Wozu noch nachdenken, wenn wir doch GPS im Auto haben?« Ein Beispiel: Eine Belgierin wurde von ihrem digitalen Wegweiser vom Heimatdorf im beschaulichen Flandern nicht die 90 Kilometer zum Brüsseler Hauptbahnhof gelotst. Sondern ins lediglich 1500 Kilometer entfernte Zagreb, wo sie eineinhalb Tage später auch übermüdet ankam. Ja, sie habe sich schon ein wenig gewundert, gab die Frau den kroatischen Polizisten zu Protokoll. Aber sie hatte sich einfach auf ihr Navi verlassen – immerhin sei es ganz neu gewesen. Die kurios anmutende Odyssee dieser flämischen Dumpfbacke ist leider kein Einzelfall: Viele von uns vertrauen dieser Technik inzwischen blind. Mit fatalen Folgen: Der Anteil der Unfälle, die auf die Irreführung oder Ablenkung unter anderem durch Navigationssysteme zurückzuführen sind, liegt mittlerweile bei fast zehn Prozent! Zu allem Überfluss lässt sich unsere Arglosigkeit diesbezüglich auch ganz schön dreist ausnutzen: So kaufte die niederländische Regierung vor einiger Zeit dem Gerätehersteller »TomTom« eine umfassende Datenbank ab – und setzte an den Stellen, an denen die holländischen Navi-Nutzer besonders schnell unterwegs gewesen waren, verstärkt Radarfallen ein. Dumm gelaufen! Angesichts unserer Technikhörigkeit ist nicht auszudenken, was mit uns irgendwann passiert –, und wo wir womöglich ankommen – wenn die Fahrzeughersteller erst einmal vollautomatische Steuer- und Lenkmechanismen zur Serienreife gebracht haben.

Arg lange sollte das übrigens gar nicht mehr dauern: Volvo stellte bereits stolz den Prototypen eines selbst parkenden Autos vor! Nach dem Aussteigen muss der Fahrer nur noch die entsprechende Smartphone-App aktivieren, und die clevere Karre sucht sich eigenständig die nächste Lücke, während ihr Besitzer schon beim Friseur oder im Restaurant sitzt. Dass die Vorstellung von unbemannt umherfahrenden Limousinen ein bisschen unheimlich ist, dürfte noch das geringste Problem dieser bevorstehenden Entwicklung sein. Die Unsummen, die vor allem der Auf- und Einbau sowie etwaige Reparaturen solch komplexer Systeme kosten werden, dürften da schon viel mehr ins Gewicht fallen. Unabhängig davon, dass der Kleinkriminelle, der uns künftig das Telefon aus der Tasche klaut, sich gleich noch über einen netten Wagen als Dreingabe freuen darf, den er noch nicht einmal umständlich suchen muss.

In anderen Bereichen des täglichen Lebens gilt die digitale Technik schon heute als unverzichtbar. Und noch schlimmer: als unfehlbar! In einem bayerischen Supermarkt kam es zu einer ordentlichen Prügelei zwischen einer Kassiererin und einem Kunden, weil die Scannerkasse für einen kleinen Naturjoghurt einen Preis von 1,90 Euro angezeigt hatte, obwohl der Becher nachweislich für 0,19 Euro im Angebot war. Letzteres versuchte der Kunde wort- und gestenreich minutenlang verzweifelt zu belegen. Dass 100 Gramm verdickte Milch nicht einmal so viel kosten würden, wenn Alfons Schuhbeck persönlich die Fermentation überwacht hätte, war der Kassiererin egal. Ihr Argument lautete: Die Computerkasse könne sich gar nicht täuschen. Die Situation eskalierte, die Polizei musste mit zwei Beamten im Markt anrücken und schlichten. Noch vor einigen Jahren wäre das nicht passiert: Alle Angestellten des Discounter-Giganten Aldi zum Beispiel mussten sämtliche Preise der angebotenen Waren auswendig kennen. Bei einem Sortiment von knapp 700 Artikeln eine durchaus beachtliche Hirnleistung! Mit der Einführung der Scannerkasse allerdings fiel diese Vorgabe der Geschäftsführung weg. Dass es nicht gerade den Thalamus trainiert, wenn man acht Stunden am Tag Cornflakes-Packungen, Ketchupflaschen und Senftuben über ein Infrarot-Lesegerät schiebt, bedarf wohl keiner weiteren Erklärung.

Wenn wir den Supermarktbesuch ausnahmsweise körperlich unbeschadet überstanden haben und das Navi seinen Job fehlerfrei verrichten sollte, können wir heutzutage schon während der Fahrt nach Hause von unterwegs aus das halbe Heim mit dem Smartphone oder dem Tablet-Computer steuern: Das Türschloss, die Heizung, das Licht oder die Rollos lassen sich so ohne Weiteres bedienen. Die Stereoanlage können wir ebenso per App aktivieren wie den Fernseher, auf den wir allenfalls noch einen am Mittag im Büro aus dem Netz gezogenen Film streamen müssen. Die Badewanne befüllt sich natürlich aufs Zehntelgrad genau zur programmierten Wunschzeit automatisch, und der im häuslichen Netzwerk integrierte Kühlschrank hat längst selbst erkannt, dass die Milch zur Neige geht, und Nachschub bestellt. Zum Glück erinnert uns der Badezimmerspiegel vor dem Zubettgehen noch an die Einnahme der nötigen Arznei, und ein Sensor am Pillenschrank sorgt dafür, dass wir auch nach der richtigen Schlaftablette greifen.

»Vernetztes Wohnen« nennt sich der futuristisch anmutende Quatsch, der tatsächlich seit Jahren schon realisiert werden kann. Zwar momentan nur, wenn man das nötige Kleingeld – etwa zwei Millionen Euro für ein vollständig mit Digital-Gimmicks ausgestattetes Einfamilienhaus – dafür lockermachen kann. Doch irgendwann wird auch dieser Nonsens billiger werden, und wenn es nach seinen Erfindern geht, werden wir bald rund um die Uhr auf die Errungenschaften der digitalen Technik zurückgreifen können. Und uns darauf verlassen müssen, dass etwa die Badewasser-Steuerung wirklich deaktiviert bleibt, wenn wir im Urlaub sind – oder aber darauf, dass nicht aus Versehen der Mikrochip im Kühlschrank Scheiße baut und in der Folge davon in unserer Abwesenheit ein paar Dutzend Milchtüten vor der Haustür vor sich hin gammeln.

Leider erst in einigen Jahren soll uns ein haushaltsüblicher Fernseher superrealistisch per dreidimensionaler Holografie-Technik an alle erdenklichen Orte der Welt versetzen können. Schon jetzt aber kümmert sich unser ebenso flacher wie unnützer Smart-TV absolut verlässlich darum, dass unser zweitliebstes Hobby auch für Dritte lückenlos dokumentiert wird: Ohne, dass wir es mitbekommen oder irgendeine Taste drücken, funken diese neuen Geräte, wie Wissenschaftler der TU Darmstadt herausfanden, nämlich andauernd Daten ins Netz – bei den ARD-Programmen etwa jede Minute aufs Neue! Knapp ein Megabyte am Tag wird selbst bei durchschnittlichem Fernsehverhalten zwischen dem Server der verschiedenen Sender und unserer Hightech-Glotze ausgetauscht. Was mit den Daten genau passiert, ist unklar. Vermutlich aber dürfen wir uns demnächst mindestens auf individuell auf den jeweiligen Zuschauer abgestimmte Werbeblöcke freuen, was das Leben im Digitalzeitalter gleich noch sehr viel lebenswerter macht – wenn auch bloß für die Werbeindustrie.

Aufgrund dessen erscheint es nur konsequent, dass wir endlich auch direkt am Körper die Segnungen dieser Technik empfangen dürfen. Netzwerke von digitalen Armbändern, Puls- und Blutdruckmessern, im iPod integrierten Schrittzählern oder internettauglichen Waagen, welche die gemessenen Werte an eine Online-Datenbank übertragen und dort zu einer umfassenden Gesundheits- und Fitnessanalyse des Anwenders zusammenführen können, sind ebenso gängig wie datenschutzrechtlich bedenklich. Genau wie die sogenannten RFID-Chips, die seit geraumer Zeit von vielen namhaften Herstellern in vorwiegend hochwertige Kleidungsstücke eingearbeitet werden. Diese reiskornkleinen Teile halten praktischerweise jahrelang – und arbeiten mit Radiowellen, um ihre Informationen an entsprechende Lesegeräte zu senden. Der vordergründige Zweck des Klamotten-Big-Brothers: Einzelhandelsunternehmen können so in Erfahrung bringen, was und für wie viel ein Kunde anderswo eingekauft hat, wenn er den Laden betritt, und ihm individuell abgestimmte Empfehlungen machen. Charmanter Nebeneffekt: Trägt jemand eine derart verwanzte Jacke, ließe er sich mit der entsprechenden

Software ganz prima heimlich orten. Das wäre freilich hochgradig illegal und kann so nach Auskunft der Anbieter natürlich auch nie passieren. Aber da dürfte die NSA anderer Meinung sein!

Mit dem neuesten Lieblingsspielzeug aller progressiven Nerds wäre es natürlich ebenfalls locker möglich, leichte Beute für neugierige Online-Spione zu werden. Doch für einen solch profanen Service wie die Ortung von Personen ist die Google-Brille, die ab 2014 weltweit verkauft wird, nicht wirklich konstruiert. Vielmehr soll die beknackte Cyber-Sehhilfe ihrem Träger wichtige Tipps zur Optimierung seines freudlosen Alltags geben: Das Ding reagiert auf Sprachbefehle und projiziert Bilder, Filme und Texte direkt auf unsere Netzhaut. Irgendwann in nicht mehr allzu ferner Zukunft sollen sich damit Millionen Menschen durch den Verkehr navigieren, ein passendes Restaurant empfehlen oder im Urlaub die Speisekarte simultan übersetzen lassen. Wenn Google-Chef Eric Schmidt behauptet, dass wir bald allenfalls noch im Bett ohne das digitale Nasenfahrrad auskommen werden, dann ist das eine Vision, die wahrscheinlich selbst Haftschalenträger George Orwell in den Suizid getrieben hätte. Dabei ist der gespenstische Gedanke, dass wir uns einer Brille, die all unsere persönlichen Vorlieben kennt, speichert und analysiert, mehr oder minder schutzlos ausliefern, nicht mal das Schlimmste: Während die Schmuddelfilm-Industrie über völlig neue Perspektiven beim Poppen jubelt, warnen Datenschützer vor zwar aus ähnlichen Zwecken, jedoch heimlich aufgenommenen Fotos und Videos durch das Google Glass. Dank der eingebauten Kamera lässt sich natürlich verhältnismäßig unauffällig auch in jenen Bereichen filmen, in denen das nicht ganz so erwünscht sein dürfte wie am Set eines Digitalbrillen-Pornos. Wenigstens sieht das Teil bis dato derart bescheuert aus, dass man die missbräuchlichen Benutzer in der Schwimmbad-Umkleide oder auf dem Kinderspielplatz auf den ersten Blick als kranke Spanner identifizieren kann.

Apples angekündigte iWatch dürfte da im Vergleich mit Sicherheit etwas eleganter ausfallen – und bringt uns die allseits vernetzte Computertechnologie künftig auch noch ans Handgelenk. Hoffentlich ist der Zeitmesser der Zukunft in Sachen Alltagstauglichkeit ein bisschen zuverlässiger als der dämliche Spracherkennungsdienst Siri, den uns die pathologisch innovative kalifornische Techniksekte vor einigen Jahren großspurig beschert hat. Die abtörnende Blechstimme, gegen die sich selbst *Akte-X*-Agentin Dana Scully anhörte wie eine mitfühlende Krankenschwester, empfahl auf die Frage nach dem besten Smartphone zwar pflichtbewusst objektiv bis zur Zensur durch die geschockten Apple-Programmierer das Nokia Lumia, hatte aber ansonsten kaum sachdienliche Hinweise parat, die uns das Leben erleichtern konnten. Die schon in der Siri-Werbung recht lächerliche Prognose

»Es wird vermutlich regnen an diesem Nachmittag«

hätte uns jeder versoffene Lokalradio-Meteorologe präziser geben können. Immerhin hatte durch Siri mancher einsame Bildschirmschoner-Benutzer endlich einen weiblichen Ansprechpartner.

Wen es aber nicht weiter verwunderte, sich plötzlich mit seinem Handy zu unterhalten, obwohl gar kein anderer Teilnehmer in der Leitung war, den dürfte es auch nicht schrecken, dass etliche Pharmaunternehmen schon damit begonnen haben, winzige Prozessoren in Medikamente einzusetzen. Sobald der Chip dann durch die Magensäure des Patienten aktiviert wird, beginnt er, die Lage zwischen Leber und Milz abzuchecken und die dort gesammelten Daten an den behandelnden Arzt zu senden. Oder direkt an die Pharmaindustrie. Vom Bauch direkt auf den Rechner – da bekommt der Begriff »innere Medizin« gleich eine ganz neue Bedeutung! Ob solche Tabletten 2.0 bei regelmäßiger Einnahme möglicherweise Schaden in unseren Organen anrichten können, ist noch nicht ansatzweise erforscht. Aber das ist so vieles anderes, was genauso gruselig erscheint, ja auch nicht. Wie zum Beispiel jene Mini-Roboter, die bald in unsere Blutbahnen gespritzt werden könnten, um den Blutdruck automatisch zu erkennen. Oder die elektronischen Nasenimplantate, die unsere Atemluft analysieren und vor Erkältungskrankheiten warnen sollen. Oder die intelligenten Kontaktlinsen mit integrierter Zoom-Funktion, an denen französische Forscher gerade intensiv arbeiten und die nach der Serienreife die Sicht ihrer Träger aufs Dreifache vergrößern können.

Die Maßlosigkeit in der Anwendung scheint grenzenlos. Und egal, was uns noch alles bevorsteht: Aus jetziger Sicht ist bereits klar, dass wir uns in Bezug auf die digitale Technik in einer verdammten Einbahnstraße befinden. All die winzigen Chips mit den gigantischen Möglichkeiten werden irgendwann überall integriert sein: in Autos, Geräten, Häusern, Klamotten – und in unserem kompletten Körper. Wahrscheinlich schauen wir dann nicht aus wie Robocop, aber wir funktionieren genauso. Der Weg zur fremdgesteuerten Mischung aus Mensch und Cyborg, deren gesamte Daten sich irgendwo in einem riesigen Rechenzentrum in der Wüste Arizonas oder auf einer irischen Halbinsel befinden und deren Handeln berechenbarer ist als das Beuteschema von Boris Becker, ist wirklich nicht mehr allzu weit.

Wären wir doch in unserer Höhle geblieben!

Stumm dank Smartphone

Wie das Handy vom Telefon zum Kommunikationskiller wurde

Zugegeben: Der erste Eindruck eines Telefons, das nicht nur zu Hause auf der Anrichte herumstand, sondern auch unterwegs mitgenommen werden konnte, war schlicht und ergreifend: beeindruckend! Das lag vor allem daran, dass ein solcher Fernsprechapparat unserer jahrelangen heimischen Erfahrung nach vor allem schwer, lindgrün oder aschgrau sein musste, ein gezwirbeltes Kabel besaß, das den Hörer mit der Station verband, die wiederum selbstverständlich mittels einer Wählscheibe funktionierte. Schon ein rotes oder blaues Tastengerät war in unserer Kindheit der Gipfel des technischen Fortschrittes. Und weil sich unserer festen Meinung nach kein Mensch außer britischen Geheimagenten, amerikanischen Ölmilliardären oder deutschen TV-Kommissaren jemals ein tragbares Gerät würde leisten können, schauten wir im Fernsehen immer neidisch zu, wie diese derart privilegierten Typen lässig vom Auto das Polizeihauptquartier oder vom Swimmingpool ihre Bank anriefen.

Jenseits von Dallas und den Straßen von San Francisco existierte in Deutschland zunächst das A-Netz, bei dem allerdings zwischen Anrufer und Angerufenem noch eine Vermittlung in Gestalt eines leibhaftigen Fräuleins zwischengeschaltet war. Ab 1972 wurde das selbst wählende B-Netz eingeführt, das es bis zu seinem jähen Ende zwei Jahrzehnte später immerhin zu knapp 30 000 Teilnehmern brachte, darunter »Derrick«, »Der Alte« und sämtliche damaligen *Tatort*-Ermittler. Ein Massenprodukt aber waren die analogen Fernsprechkoffer trotz der hohen Kommissar-Dichte natürlich noch nicht. Und auch nicht jene dann schon deutlich kleineren Geräte, die das leistungsstärkere C-Netz empfangen konnten, das etwa auch auf Schiffen eingesetzt wurde.

Erst mit dem D-Netz wurde uns das zweifelhafte Privileg zuteil, immer und überall erreichbar zu sein. Es ist schon kurios: Aus heutiger Sicht erscheint es beinahe absonderlich, wie sich die Menschheit noch bis vor knapp 20 Jahren zuverlässig verständigen oder gar verabreden konnte – ganz ohne Handy, SMS oder WhatsApp. Überlieferten Augen- und Ohrenzeugenberichten zufolge sollen sich damals sogar mehrere Personen minutengenau an vorher verabredete Treffpunkte gehalten haben! Auch so bedeutsame Informationen wie

»Mir ist langweilig«

sowie unverzichtbare Nachrichten mit dem Wortlaut

»CUL8ER, HDL :-)« oder

»liebevollknuddel«

waren schlichtweg nicht möglich.

Mit dieser kommunikativen Steinzeit jedoch war es ab ungefähr Mitte der Neunzigerjahre ein für alle Mal vorbei. Der Siegeszug der Mobiltelefonie war nicht mehr aufzuhalten. Dabei mussten sich die tapferen Pioniere der neuartigen Technik am Anfang noch übel verspotten lassen! Dass wir uns sogar selbst zunächst über Menschen lustig gemacht haben, die in der Kneipe mit ihrem gefühlt ein Pfund schweren Nokia 1011 auf der verzweifelten Suche nach einem ausreichend starken Empfang auf und ab gelaufen sind und dabei immer wieder hilflos »Hallo« in ihren klobigen Plastikknochen hineingeschrien haben, erfüllt uns heute noch mit tiefer Scham. Immerhin waren jene von Ignoranten wie uns als Wichtigtuer und Angeber verunglimpften Zeitgenossen nicht mehr lange in der Minderheit.

Doch bleiben wir noch ein wenig bei den mobilen Anfängen: Zunächst schienen sich sowohl die Hersteller der Endgeräte als auch die Netzanbieter tatsächlich auf die Funktion des Telefonierens zu beschränken! So verfügten berühmte Klassiker der oralen Inkontinenz wie das Motorola 3200 oder das Siemens S1 zwar schon über Buchstaben auf ihrer Zahlentastatur.

Aber der sogenannte Short Message Service war lediglich ein Nebeneffekt der neuartigen GSM-Technologie, den keiner so richtig ernst nahm. Wieso sollte man auch jemandem eine Kurznachricht aufs Display schicken, wenn man ihn doch nun ganz bequem – zum Beispiel aus einem voll besetzten Kinosaal, dem Erste-Klasse-Abteil im ICE oder einem gediegenen Restaurant – anrufen konnte? Aus diesem Grund war die SMS tatsächlich auch erst mal kostenlos, während eine Gesprächsminute zwischen zwei unterschiedlichen Netzen schon mal bis zu zwei D-Mark kosten konnte.

Wahrscheinlich aufgrund dieser üppigen Preise versuchten die meisten, sich zunächst auf die wirklich wichtigen Fragen eines Gesprächs zu beschränken: Wo bist du, wo bleibst du, warum rufst du überhaupt an? Entsprechend waren auch die ursprünglichen Geräte weit davon entfernt, viel mehr zu können als eine bloße Telefonverbindung her- und vor allem so etwas wie ein Statussymbol darzustellen. Dass man wichtiger war als die allermeisten anderen, konnte jeder an der ausgezogenen Antenne erkennen, die neben dem linken Ohr einen halben Meter in die Höhe ragte. An irgendein BlingBling auf dem polierten Gehäuse dachten da noch nicht einmal die größten Profilneurotiker unter den Benutzern.

Dumm nur, dass der Spaß nach und nach immer billiger wurde. Die Netzanbieter begannen, die Geräte massiv zu subventionieren. Für eine Mark gab's plötzlich ein nagelneues Telefon, das im Grunde genommen das 400-Fache hätte kosten müssen. Gut – der fällige Zweijahresvertrag spülte den Betreibern die Kohle doppelt und dreifach wieder rein. Aber die hart arbeitenden Vorstände von Deutscher Telekom oder Mannesmann mussten ja auch von irgendwas leben. Die Hemmschwelle für den Kauf eines technisch anspruchsvolleren Modells sank dank dieses Bauerntricks jedenfalls immer weiter. Die Folge des scheinbaren Preisverfalls war, dass sich nun auch Studenten oder gar Schüler ein Handy leisten konnten. Umso mehr, weil bald Prepaidkarten eingeführt wurden, um den Taschengeldparagrafen für Unter-18-Jährige zu umgehen, wodurch dann leider die coolen Handys wieder ordentlich Kohle kosteten. Durch diesen doppelt geschickten Schachzug wurden nicht nur die Umsätze der Konzerne in bis dahin ungeahnte Höhen katapultiert. Gleichzeitig wurde auch die Zukunft der Schufa für die nächsten Generationen gesichert.

Binnen weniger Jahre wurde das Mobiltelefon von einem Nischenprodukt zu einem Massenphänomen: Gab es Ende 1992 noch nicht einmal eine halbe Million Mobilfunkteilnehmer in Deutschland, waren es nur ein einziges Jahr später bereits dreimal so viele. 1998 hatten dann schon 13 Millionen ein Handy. Diese Zahl vervierfachte sich bis 2001. Heute sind laut Bundesnetzagentur hierzulande knapp 120 Millionen Nutzer verzeichnet! Und das bei nur 80,2 Millionen Einwohnern, was einen erfreulichen Trend zum Zweit- oder gar Drittgerät belegt.

Auf einmal wurde überall gequatscht: im eigenen Auto, im Zug oder im Bus, beim Einkaufen, im Fitnessstudio, beim Essen. Besonders gern dort, wo möglichst viele andere mithören konnten. Trotz der mittlerweile tadellosen Empfangsqualität hatten sich die meisten Menschen im Laufe der mobilen Evolution wohl daran gewöhnt, die Sprechlautstärke der Dezibelbelastung einer vierspurigen Autobahn anzupassen. Ein leises Handytelefonat jedenfalls war und ist ein Widerspruch in sich. Welche essenziellen Informationen bei einer durchschnittlichen Gesprächsdauer von zweieinhalb Minuten – diese ist trotz der gesunkenen Verbindungspreise in den letzten Jahren beinahe unverändert geblieben – übermittelt werden konnten und können, ist natürlich von Einzelfall zu Einzelfall unterschiedlich. Manchmal ist der Inhalt wohl eher unwichtig, manchmal vielleicht auch nur irrelevant. Die Hauptsache scheint zu sein, einfach einen Grund zum Anrufen zu haben – das machen wir nämlich fast 100 Milliarden Mal pro Jahr. Jene wenigen Innovationsverweigerer, die sich dieser Entwicklung nach wie vor verschließen und noch immer kein Handy besitzen, dürfen getrost als verschrobene Außenseiter angesehen werden. So wie Modedesigner Karl Lagerfeld, der zudem 99 Prozent aller mobilen Telefonate für überflüssig hält. Seine Schätzung ist natürlich durch keinerlei offizielle Erhebung belegt. Aber sie dürfte hinkommen.

Die Freilegung dieser offenbar über Jahrtausende verschütteten Redebedürfnisse ist gleichwohl nur ein Aspekt der kommunikativen Verwahrlosung, die wir dem Handy zu verdanken haben. Ein anderer, wahrscheinlich noch viel schlimmerer, ist die SMS. Unverhofft nämlich entdeckten die Menschen, dass die Kurznachricht deutlich billiger war als ein Anruf. Also fingen sie an, sich kleine Botschaften zu schreiben. Vor allem junge Frauen wurden immer fingerfertiger und schafften es durch kontinuierliche Übung, binnen weniger Hundertstelsekunden einen kompletten Katalog an Informationen in ihr Handy einzugeben. Die Menschen informierten sich immer mehr gegenseitig auf diese Weise, wodurch die Konzerne begriffen, dass mit jenen Kurznachrichten eigentlich doch viel Geld zu verdienen ist. Als die SMS folgerichtig immer teurer wurde, hatten sich die Handynutzer schon derart an sie gewöhnt, dass zu Spitzenzeiten jährlich alleine in Deutschland an die 50 Milliarden Stück versendet wurden. Es ist also kein Wunder, dass das Ganze für unsere soziale Interaktion eine verheerende Rolle eingenommen hat. Angesichts des augenscheinlichen Verfalls vor allem sprachlicher Standards tröstet es da auch wenig, dass der Begriff »simsen« im Jahr 2004 offiziell als neuer deutscher Begriff in den Duden aufgenommen wurde. Auf diese Wortschatzerweiterung hätten wir getrost verzichten können!

Man darf Philologenverbänden zufolge davon ausgehen, dass selbst ein überdurchschnittlich begabter Jugendlicher bis zum Alter von 16 Jahren noch keinen einzigen Brief verfasst hat. Dafür aber – laut einer Untersuchung des amerikanischen Pew Research Centers –

alleine rund 55 SMS täglich! Der stetig größer werdende Erfolg mobiler Messenger-Dienste wie WhatsApp wird außerdem dazu führen, dass sich diese Zahl bald noch potenziert – weil die stupide Plauderei dort ja nicht einmal mehr etwas kostet. Schon jetzt benutzt jeder sechste Smartphone-Besitzer ausschließlich eine Chat-Plattform zum Plaudern. Um da auf den Punkt zu kommen, sind schon mal zwei bis drei Dutzend gegenseitige Nachrichten nötig! Damit die Kids ein derartiges Tipp-Pensum überhaupt bewältigen können, ist es nur konsequent, dass diese Generation neben der schon erwähnten mechanischen Geschicklichkeit eine Ausdrucksform entwickelt hat, die es ermöglicht, auch komplexere Sachverhalte innerhalb kürzester Zeit zu vermitteln. Ein gewöhnlicher Dialog zwischen zwei Freunden, die sich seit dem Vorabend nicht gesehen haben, sieht heute etwa so aus:

> **Alta was geht?**

> **WZTWD? WAUDI!**

> **Sry hab vapennt gestern heftig Party gemacht!**

> **LOL! Noch verstrahlt??**

> **Voll bin heim gg 5 wa schon hell aba musste trtzdm um 8 raus**

> **OMG verstehe PTMM!!**

War im 4seasons m Nik haben krass abgedanct u getankt. NWA!!

Nik??

Ja war cool aba sie musste um 2 weg bin mit so na andern Bitch heim

00Und???

KA bin vorhin aufgewacht u hab mich vapisst jetzt wart ich aufn Bus

KK!! wie bist du denn drauf mann??

BIGBD dann erzhl ich mehr aba sag nix Nik

2LATE sie sitzt neben mir wollte dich hier überraschen

FUCK ;-((

DG. Sry Mate!! PMIGBOM ;-)

Auf diese und ähnliche Weise tauschen sich tagtäglich Millionen Kinder und Jugendliche über ihre Erlebnisse aus. Was der polnische Lehrer Ludwik Lejzer Zamenhof mit seiner Schnapsidee der weltweit gültigen Gaga-Sprache Esperanto nicht ansatzweise geschafft hat, ist bei der SMS längst möglich. Kürzel wie CU, LOL oder YOLO sind keine Autokennzeichen ostdeutscher Kleinstädte, sondern stehen für »Wir sehen uns«, »Lautes Loslachen« oder »Du lebst nur einmal« und werden von Kids in Paris ebenso versandt und verstanden wie in Berlin oder Los Angeles. Das mag im Sinne einer globalisierten Welt dem einen oder anderen vielleicht sogar wünschenswert erscheinen. Wie zum Teufel aber soll sich eine Generation sprachlich anständig entwickeln, die für gewöhnlich mit Buchstabenkonstrukten wie zum Beispiel

> »HI LEUTZ COOLE ID MIT PARTY 2NITE xD«

die erfreute Zustimmung zu einer Einladung kundtun wollen?

Nun könnte man zur Ehrenrettung der SMS annehmen, eine derartig verknappte Sprache, in letzter Zeit vermehrt kombiniert mit der inflationären Verwendung total bescheuerter gelber Comicfressen namens Emoticons, sei in Wirklichkeit gar nicht existent. Sondern ein ähnlich medial aufgeblasener Quatsch, wie ihn sich irgendwelche Trendforscher alljährlich für vermeintlich besonders freche Wettbewerbe wie das »Jugendwort des Jahres« ausdenken – dabei haben solche Veröffentlichungen vor allem den Sinn, den Urhebern endlich mal wieder in die Presse zu verhelfen. Denn mal ehrlich: Wer hat je einen Jugendlichen »Datenzäpfchen« anstatt USB-Stick sagen hören? Leider aber scheint die gerade geschilderte Art der Verständigung kein hysterisch begleitetes Pseudophänomen zu sein. Sondern trostloser linguistischer Alltag in Klassenzimmern, auf Pausenhöfen oder in Cafés. Die Jugendlichen sprechen heute wirklich so, wie sie schreiben. Oder umgekehrt – genau lässt sich das nicht mehr auseinanderhalten.

echt gigascheisse alta!

Das belegen auch zahlreiche aktuelle Untersuchungen – unter anderem des Vereins Deutsche Sprache – die ergaben, dass selbst Studienanfänger inzwischen erhebliche Wissenslücken in Rechtschreibung und Grammatik aufweisen. Kein Wunder: Interpunktion, Groß- oder Kleinschreibung oder gar Fremdwörter sind für schnelle und auf 160 Zeichen beschränkte SMS-Botschaften schlichtweg nicht geeignet. Da kapituliert sogar die hirnverbrannte Worterkennung namens T9, die über Jahre hinweg in unseren Nachrichten eine »gute Nacht« ohne Not in eine »gute Macht« verwandelt hat oder aus dem »Kuss« einen »Kurs« – und es nützt leider auch nichts, dass manche Experten die Kreativität loben, die notwendig ist, um die »Text Speak«, wie diese abgekürzte Sprache im Englischen genannt wird, zu perfektionieren. Denn spätestens beim Vorstellungsgespräch mit dem leibhaftigen Personalchef bringt einem der schönste Smiley rein nichts mehr. L SNIF!

Erschwerend kommt hinzu, dass die Mobiltelefonie in all ihren Ausprägungen das Potenzial, sich nachhaltig zu blamieren, leider verzigfacht hat. Klar haben wir nach in unserer Jugend unter dem Eindruck zahlreicher Asbach-Cola auch mal mitten in der Nacht unsere Exfreundin Julia Wirzenbrink angerufen, nachdem sie kurz zuvor mit uns Schluss gemacht hatte – zumindest sofern wir die dafür notwendigen 20 Pfennig noch finden und zielgerichtet in den öffentlichen Fernsprecher einwerfen konnten. Dass wir dabei nicht bemerkten, anstatt Julia ihre ebenso müde wie verärgerte Mutter mit unseren Liebesschwüren zu beglücken, war zwar peinlich, aber nicht weiter schlimm: Am nächsten Tag war das Malheur vergessen. Handy und SMS jedoch sind geradezu prädestiniert, Dinge zu tun, die man besser gelassen hätte. So ist eine Kurznachricht im Überschwang der Gefühle vielleicht schnell abgesetzt. Allerdings bleibt sie im Gegensatz zu unserem entwürdigenden Anruf der Nachwelt erhalten. Da muss man schon genau aufpassen, wem man mit 1,5 Promille intus die Frage

> »Hey babe wie siehts aus bin noch unterwegs hast lust aufn schönen fick?«

zuschickt. Wenn etwa der Name des Chefs mit demselben Anfangsbuchstaben beginnt wie der jener eigentlich mit der frivolen Nachricht bedachten Notrutsche, dann könnte dies am Montag im Büro zu einer etwas unerfreulichen Besprechung führen. Von den mannigfaltigen Verwicklungsmöglichkeiten bei Ehepartnern, Eltern oder Freunden ganz zu schweigen.

Aber die technische Entwicklung der Handys war durch den Siegeszug der SMS natürlich noch lange nicht zu Ende! Dank der segensreichen Erfindung der Smartphones, die inzwischen über 51 Prozent des Gerätemarktes ausmachen, gibt es inzwischen wieder mehr und mehr ein Leben neben der Kurznachricht: Zum Beispiel kann man während einer kleinen Sims-Pause im Internet surfen, die Kontodaten überprüfen, den Wetterbericht begutachten oder zur Not auch alles gleichzeitig erledigen. Dabei eroberten die Mini-Computer mit dem integrierten Telefonanschluss ab Ende der Neunzigerjahre zunächst nur recht zögerlich unsere Hand- und Gesäßtaschen. Das lag allerdings vor allem daran, dass jene unförmigen Kommunikationsklumpen wie der Nokia Communicator, die Blackberry-Reihe oder ein Palm in etwa so lässig rüberkamen wie ein Opel Senator neben einem Porsche Panamera. Insofern wären die Datenschleudern vielleicht ein Gadget für dauergestresste Geschäftsleute geblieben, hätte nicht ein höchstens noch mit dem Urknall vergleichbares Ereignis die weitere Entwicklung des gesamten Universums im Allgemeinen und des Handymarktes im Besonderen maßgeblich beeinflusst: die Markteinführung des iPhone am 29. Juni 2007. Seit diesem Tag ist nichts mehr, wie es war.

Warum ausgerechnet dieses Ding zum umjubelten Kultobjekt wurde, für das erwachsene Menschen in einer 200 Meter langen Warteschlange bei Minusgraden im Freien übernachten, obwohl es objektiv gesehen beinahe von Beginn an leistungsschwächer und teurer war als die Konkurrenz – darüber rätseln seitdem nicht nur die Entwickler von Samsung, HTC oder Nokia. Die Berliner Neurologen Jürgen Gallinat und Simone Kühn fanden zumindest heraus, dass bei Apple-Anhängern während des Anblicks eines iPhones der emotionale Teil ihres Gehirns aktiviert wird. Das ist beim Käufer beispielsweise eines Samsung Galaxy nicht der Fall, wenn er das Smartphone seiner Wahl betrachtet: Bei ihm wird demnach nämlich nur der präfrontale Kortex angesprochen; jene langweilige Hirnregion, die gerade mal für so hausbackene Zwecke wie Entscheidungsfindung oder Abwägung zuständig ist. Mit anderen Worten: Apple macht seine Nutzer schon beim Hingucken irgendwie geil! Warum genau, ist aber unklar.

Marketingexperten weltweit versuchen seit Jahren, die genaue Strategie des Unternehmens zu entschlüsseln, das ausgerechnet von einem Mann aufgebaut wurde, dessen Modegeschmack in etwa so innovativ war wie die Wirtschaftspolitik Nordkoreas. Allein die Strahlkraft eines angebissenen Apfels scheint es zu schaffen, dass sich jeder noch so biedere Haftpflichtversicherungs-Außendienstler beim Telefonieren fühlt wie James Bond – und ein Werbegrafiker aus der badischen Provinz sich nur dank seines silbernen Laptops im Kreativ-Room von Saatchi & Saatchi in New York wähnt. Nur so jedenfalls lässt sich erklären, dass aus einem sonderbaren Nischenhersteller für konsumkritische Computer-Freaks binnen eines einzigen Jahrzehnts der wertvollste Konzern der Welt mit einem Jahresumsatz von über 150 Milliarden Dollar werden konnte. Unabhängig davon lässt sich jedenfalls mit Fug und Recht behaupten, dass Apple die weitere Geschichte des Informationszeitalters revolutioniert hat. Leider hat das schicke iPhone durch seinen unaufhaltsamen Siegeszug vom Silicon Valley über chinesische Arbeitslager direkt hinein in unser Herz aber gleichzeitig auch den Nerv-Faktor des Mobiltelefons an sich potenziert.

Noch vor einigen Jahren ging es uns allenfalls gehörig auf den Zeiger, wenn etwa bei einem gemütlichen Abendessen vom Nebentisch aus einem Handy-Lautsprecher infantile Froschgeräusche, debile Eigenkompositionen wie der Kuschel-Song oder Beethovens Neunte in einer Version für semiprofessionelle Alarmanlagen erklangen. Heute sind wir geneigt, uns die Zeit zurückzuwünschen, in der ein – und sei es auch noch so bescheuerter – Klingelton das Maximum der technischen Möglichkeiten eines Telefons darstellte. Ein modernes Smartphone kann jedoch derart viel, dass eine normale Unterhaltung zwischen mehreren Besitzern solcher Geräte eigentlich nicht mehr möglich ist. Zumindest nicht, wenn sie sich an einem Tisch befinden!

Das Grundproblem liegt schon an der ständigen mobilen Verfügbarkeit des Internet. Haben wir uns anfangs noch über die aberwitzig erscheinende Summe von 63 Milliarden D-Mark gewundert, die durch die erste Versteigerung von UMTS-Lizenzen im Jahr 2000 erzielt wurde, wissen wir jetzt, warum sich der Staat diese geheimnisvollen Frequenzen so teuer hat bezahlen lassen: Der gleichermaßen profillose wie sparsame Finanzminister Hans Eichel wusste eben damals schon, dass die Konzerne damit einen viel größeren Reibach machen würden, als es durch bloßes Telefonieren und Simsen jemals möglich gewesen wäre. Und weil es seitdem praktisch keinen einzigen Winkel zwischen Sylt und Berchtesgaden mehr gibt, in dem wir nicht sofort nachschauen können, was in Deutschland, der Welt oder wenigstens unserem E-Mail-Postfach gerade los ist, werden die Umsätze der großen Netzbetreiber bis 2015 auf sechs Milliarden Euro im Jahr steigen – bei vergleichsweise überschaubaren Betriebskosten. Das bedeutet auf uns Nutzer heruntergerechnet: Jeder ab 14-Jährige wird bald stattliche 85 Euro per annum nur für das mobile Internet ausgeben.

Klar, dass wir das dann alle auch ausgiebig nutzen müssen! Nicht nur, dass wir uns zwanghaft alle zwei Minuten auf den neuesten Stand in sämtlichen mobilen Nachrichtenportalen bringen müssen – aus der schieren Angst heraus, irgendein epochales Großereignis wie die Niederkunft von Herzogin Kate, den Bänderriss von Mario Götze oder die Trennung von Jenny Elvers-Elbertzhagen möglicherweise nicht aus allererster Hand zu erfahren. Auch jede aufkeimende interessante Diskussion wird inzwischen bereits im Ansatz totgegoogelt. Konnte man früher zum Beispiel noch herrlich über die tatsächlich erzielten Tore des legendären FC-Bayern-Fehleinkaufs Jean-Pierre Papin streiten, wissen wir heute dank unseres Smartphones überall auf der Welt innerhalb von 0,21 Sekunden: Es waren drei in 27 Spielen. Und auch dass der Darsteller des Paul Pfeiffer aus der Kultserie *Wunderbare Jahre* nicht Marilyn Manson, sondern Josh Saviano war, lässt sich in exakt 0,20 Sekunden eruieren. Das Sternzeichen von Günther Jauch (Krebs; 0,38 Sekunden), der zweite Vorname von Angela Merkel (Dorothea; 0,30 Sekunden) – was auch immer irgendwo irgendwie zur Sprache kommt, wird sofort verifiziert oder verworfen. Auf diese Weise machen das iPhone und seine uncooleren Android-Brüder wirklich jede Evolutionsbremse zum Besserwisser. Ein netter Abend unter Freunden sah mal anders aus.

Dazu kommt erschwerend, dass auch die Qualität der so gefundenen Informationen bisweilen stark zu wünschen übrig lässt: Die Hauptnachrichtenquelle für jeden selbst ernannten Schlauberger ist Wikipedia, die virtuelle Fast-Food-Enzyklopädie. Konnten wir uns einstmals blind auf den guten, alten Professor Brockhaus verlassen, dessen ersten Band wir feierlich von Onkel Herbert zur Konfirmation überreicht bekommen haben, reicht nun ein einziger Displaywischer zur umfassenden Wissensfindung. 26,5 Millionen Artikel finden sich weltweit im Wiki-Netzwerk – knapp 1,6 Millionen davon allein auf Deutsch. Dass sich unter diesen Massen auch unzählige Einträge befinden, deren Niveau einen langjährigen Brockhaus-Redakteur depressiv gemacht hätte, versteht sich angesichts des Wikipedia-Prinzips von selbst. Grundsätzlich kann darin schließlich erst mal jeder zum Experten werden, wenn er nur die absurd komplizierten technischen Voraussetzungen zum Erstellen eines Aufsatzes kapiert. Darum stehen neben einigen tatsächlich profunden Stücken auch unzählige oberflächliche, belanglose oder schlicht abgrundtief falsche Behauptungen im Netz, bis das viel beschworene Prinzip der intellektuellen Selbstreinigung greift. Das aber kann teilweise recht lang dauern – wie eigentlich immer, wenn Nerds untereinander uneins sind. Weil aber der Brockhaus endgültig eingestellt wurde, führen künftig noch weniger Wege an Wikipedia vorbei!

Doch nicht nur Haarspalter und Oberlehrer haben im Smartphone ihr Heil gefunden. Bekanntermaßen eignen sich die Dinger auch hervorragend dazu, einem total sinnbefreiten Zeitvertreib nachzugehen – also stundenlang irgendeinen Schwachsinn zu spielen. Erstaunlich, dass im Zeitalter hypermoderner 3-D-Animationen erwachsene Menschen infantilem Kappes wie »Bubble Shooter« anheim fallen, bei dem nichts anderes erledigt werden muss, als bunte Kugeln ihrer Farbe nach zu ordnen. Nur als Beispiel: Die Handy-Game-Hitparade wird seit Jahren vom ebenso unerträglichen wie bedauerlicherweise auch unkaputtbaren Moorhuhn dominiert, das von der schier unerschöpflichen Kapazität eines handelsüblichen Gerätes geradezu lächerliche 8,5 Megabyte benötigt. Danach folgen fade Flugsimulatoren oder beknackte Autorennen. Schätzungsweise 20 solcher Spiele tummeln sich im Schnitt auf jedem Speicherchip, der trotzdem noch viel, viel Platz bietet für weiteren Datenausschuss – ganze Spielfilme zum Beispiel, Hunderte Lieder und noch mehr Fotos.

Leider kann die herrliche technische Vielseitigkeit der Geräte ganz schön gefährlich werden: Immer mehr Passanten verletzen sich, weil sie beim Laufen nicht nach vorne beziehungsweise nach links oder rechts gucken, wie sie es einmal im Kindergarten gelernt haben – sondern lediglich auf das Display ihres Smartphones starren. In den USA müssen laut der aktuellen offiziellen Krankenhausstatistik jährlich über 1500 Handynutzer wegen Knochenbrüchen oder Gehirnerschütterungen in Notaufnahmen behandelt werden! Die armen Trottel waren so sehr ins Tippen, Spielen oder Surfen vertieft, dass sie dabei gegen einen Laternenmast knallten oder über einen Abfalleimer stolperten. Einer Untersuchung der britischen Telefonauskunft »118 118« zufolge kommt es in England insgesamt gar zu mehr als sechs Millionen Zusammenstößen dieser Art pro Jahr. Auch wenn die meisten davon nur mit einer Beule enden: Die beauftragten Wissenschaftler stellten dabei fest, dass 62 Prozent der Handynutzer schlichtweg ihre periphere Sicht auf die Umgebung verlieren. In London wurden aus diesem Grund testhalber Hunderte Straßenlampen mit einer Polsterung ummantelt. Kläglicher lässt sich der Fortschritt wohl kaum veranschaulichen.

Das Benutzen eines Smartphones im Sitzen ist vielleicht ungefährlicher. Doch dafür bleiben ja auch alle anderen Tätigkeiten auf der Strecke, die wir früher einmal gerne gemacht haben: sich miteinander unterhalten zum Beispiel. Durch die multimediale Auswahl an Ersatzbeschäftigungen kann es leicht passieren, dass sich mehrere miteinander bekannte Menschen an einem Tisch befinden – und sich die gesamte Zeit nicht eine einzige Minute umeinander kümmern. Während einer mit seiner neuesten Eroberung chattet, ein anderer noch schnell einen Trailer bei Youtube anschaut und der Nächste mal eben die neuesten Urlaubsfotos auf Facebook einstellt, wird auch noch der Letzte sein Handy aus der Tasche ziehen und wenigstens ein bisschen im Netz surfen, um nicht als Einziger herumzusitzen wie bestellt und nicht abgeholt. Nach zwei Stunden zahlt man dann und geht. Solche Smartphone-Stammtische sind beim Zusammentreffen mehrerer Unter-30-Jähriger eher die Regel als die Ausnahme. Zwar empfinden einer Umfrage zufolge zwei Drittel aller Deutschen Smartphones in der Umgebung als störend. Wenn sie selber aber eins benutzen, ist es mit diesem Bewusstsein nicht mehr allzu weit her – und mit dem Benehmen erst recht nicht! Und so wird während des Essens, im Sport oder beim Gespräch mit der besten Freundin nebenbei gequasselt, gegoogelt und gesimst, dass alles zu spät ist. Unkommunikativer kann Kommunikation nicht ausfallen!

Ein ebenso nerviges wie behämmertes Übel unserer Smartphone-Gesellschaft ist die Tatsache, dass jede Pappnase mit den blöden Dingern problemlos Profi-Fotos machen und Videos in *Tagesschau*-Qualität erstellen kann. Ein guter, alter Agfa-Kleinbildfarbfilm (36 Aufnahmen, ASA 100) hat uns noch stolze acht bis zehn Mark gekostet. Falls es jemand vergessen hat oder nach 1995 geboren wurde:

Früher musste man in einen Fotoapparat eine sogenannte Filmrolle einlegen und diese nach der Belichtung zum Entwickeln bringen! Die Folge dieses nicht unerheblichen finanziellen und organisatorischen Aufwands war, dass wir und unsere Eltern jedes Mal genau überlegt haben, welches Motiv wir denn nun ablichten möchten – und ob es wirklich sein muss, so zu tun, als würden wir den schiefen Turm von Pisa auch noch von der anderen Seite aus halten. Heute können wir uns noch so sehr bemühen: Mit Schnappschüssen alleine bekommen wir den Speicher unseres Mobiltelefons wahrscheinlich nicht voll. Also wird geknipst und gefilmt, bis der Prozessor glüht – in jeder noch so lächerlichen Lebenssituation und wirklich überall.

Nun kann natürlich jeder für sich selbst entscheiden, ein albernes Selbstporträt vor dem Fontana di Trevi zu erstellen oder den ekligen Teller Muscheln in Tomatensoße zu porträtieren. Das Dumme ist nur: Diese nichtssagenden Aufnahmen werden ja keineswegs dafür gemacht, um auf ewig auf einem iPhone- oder iPad-Chip oder einer Computerfestplatte vor sich hin zu gammeln. Sie werden natürlich vor allem deswegen angefertigt, um sie ungefragt herumzuzeigen! Und so müssen wir uns an jedem Morgen in der Arbeit, bei jedem Treffen mit Bekannten und an prinzipiell allen Familienfesten erst mal durch ein paar Dutzend bescheuerte Motive quälen, die unsere Kollegen, Freunde und Verwandten in den vergangenen Tagen wieder neu erstellt haben. Meist wird die Fotoshow begleitet von tiefsinnigen Kommentaren wie »Das sind wir mit unserem Hund«, »Das sind wir beim Essen im Restaurant« oder »Das sind wir vor dem Eiffelturm«. Das Ganze ist in etwa so spannend wie eine Folge *Telekolleg* Mathematik. Aber zum Thema Bilder kommen wir später sowieso noch!

Dass man mit seinem Smartphone angeblich aber auch ernsthaft arbeiten kann und somit praktisch gleich sein gesamtes Büro in der Jacke hat, macht die Sache auch nicht besser. Bis zur unseligen Entwicklung der E-Mail an sich war am Freitagnachmittag Wochenende, und zwar bis zum Dienstantritt Montagfrüh. Im Urlaub war man für Quatschkartoffeln aller Art erst recht nicht erreichbar, im Idealfall sogar wochenlang. Undenkbar, dass uns jemand Daheimgebliebenes im Hotel behelligt hätte, wenn nicht mindestens die Großtante das Zeitliche gesegnet oder das Gartenhäuschen abgebrannt hätte! Heute jedoch geben laut einer repräsentativen Umfrage im Auftrag des Technologie-Verbandes Bitkom 78 Prozent der Berufstätigen zu, dass sie dienstliche Anrufe auch dann annehmen oder beantworten, wenn sie eigentlich frei haben.

Als wäre das nicht schon schlimm genug, hat sich seit der Erfindung des Smartphones der ohnehin schon entsetzliche Mail-Terror noch gesteigert. Das amerikanische Internetportal Online-College fand in diesem Zusammenhang heraus, dass 67 Prozent aller Smartphone-Nutzer sogar während eines Rendezvous ihren Posteingang überprüfen. Die Hälfte guckt beim Sex ab und zu drauf, und 33 Prozent greifen noch in der Kirche zum Handy. Selbst ein banaler Fernsehabend ist offenbar ohne das Mobiltelefon kaum noch möglich: 42 Prozent surfen darauf im Internet, während sie vor der Glotze sitzen! So kann man vielleicht umgehend seine Meinung zum neuen *Tatort* twittern – auch wenn das ganz nebenbei die Frage aufwirft, wen es eigentlich interessieren soll, was andere TV-Zuschauer über die entseelte Mimik von Eva Saalfeld mitteilen wollen. Doch wer so etwas macht, wird nachweislich dumm dabei: Aktuelle neurologische Studien beweisen, dass Menschen während jeder zusätzlichen medialen Tätigkeit zehn Prozent ihrer geistigen Leistungsfähigkeit verlieren. Langfristig negative Auswirkungen auf die individuelle Konzentrationsfähigkeit werden dabei ausdrücklich nicht ausgeschlossen!

Die ständige Erreichbarkeit auf der einen Seite sowie die kontinuierliche Verfügbarkeit von Informationen auf der anderen gingen logischerweise nicht spurlos an uns vorüber. Unser Körper ist inzwischen derart übersensibilisiert in Bezug auf die Benutzung von Handy und Smartphone, dass er schon physisch auf den Gebrauch reagiert! Forscher der britischen University of Worcester berichteten, dass eine übermäßige Anwendung der Geräte zu ähnlichen

Symptomen wie bei Drogenmissbrauch führen kann. Sie maßen bei jenen Versuchspersonen, die von sich behaupteten, intensive Smartphone-Verwender zu sein, zunehmende innere Unruhe, vermehrte Schweißausbrüche und signifikante Schlaflosigkeit. Sogar »Phantomvibrationen« wurden von den Wissenschaftlern oft registriert – ein Phänomen, das anfangs von den meisten Psychologen noch als schlechter Witz abgetan wurde, heute jedoch bei etwa geschätzten bis zu 40 Prozent aller User regelmäßig auftaucht. Derartige Synapsen-Fehlfunktionen im Oberstübchen sollten uns eigentlich ein bisschen Respekt einflößen. Aber noch zahlt den Handy-Entzug leider nicht die Kasse!

Selbst gemeinhin beachtliche technische Errungenschaften wie der Touchscreen, den Apple zugegebenermaßen recht benutzerfreundlich hingekriegt hat, haben noch einen Haken. Es war klar, dass es nicht lang dauern konnte, bis eine derart intuitiv angelegte Bedientechnik auch für Kinder zugänglich gemacht wurde. Und so wischen und tippen unsere Kleinen auf Teufel komm raus dank spezieller Programme über die Tablet-Computer oder die Handy-Bildschirme ihrer Eltern. Die Konsequenz, die man sich derzeit vorzugsweise noch auf zahlreichen Youtube-Videos, in ein paar Jahren aber womöglich in einem Heim für verhaltensgestörte Jugendliche anschauen kann: Beim erstmaligen Betrachten eines stinknormalen Bilderbuches aus dem guten, alten Werkstoff Papier versuchen derart konditionierte Kids zunächst, die Seiten mit Daumen und Zeigefinger aufzuziehen. Dass das bei diesem Medium leider nicht so gut funktioniert, bekommen manche irritierten iPad-Babys erst im Kindergarten mit. Wenn überhaupt.

Like mich am Arsch

Wie Facebook durch unsere Blödheit Milliarden scheffelt

Wahrscheinlich hatte jeder von uns so einen bemitleidenswerten Kerl in der Klasse: einen blassen, rothaarigen Jungen mit ziemlich unreiner Haut, mit dem keiner etwas anfangen konnte. Dieser Typ, nennen wir ihn Joachim, war einfach seltsam. Vielleicht fanden wir es komisch, dass er so wenig sprach, eine Nickelbrille aufhatte und entsetzlich altmodische Sachen trug. Oder dass er keine Freunde kannte und beim Fußball niemals mitmachte; aus Angst, schmutzig zu werden oder den Ball auf die Fresse zu bekommen. An guten Tagen musste Joachim sein Pausenbrot nicht aus der Dachrinne über dem Hausmeisterbüro fischen, an den schlechten sammelte er den Inhalt seiner Büchertasche immer und immer wieder vom Boden auf. Ja, wir waren echte Arschlöcher! Aber wir waren die Coolen, die mit den Markenklamotten und den Mädchen und den Vespa-Rollern. Wir konnten nicht mit einem Feger wie Julia Wirzenbrink gehen und gleichzeitig mit einem Loser-Jungen wie Joachim befreundet sein. Selbst wenn wir dafür in Kauf nahmen, für alle unsere Gemeinheiten irgendwann im Fegefeuer zu landen.

Nach der Schulzeit vergaßen wir den komischen Joachim und gingen unserer Wege. Doch Jahre später trafen wir ihn plötzlich wieder. Er sah nicht mehr ganz so spackig aus, aber noch spackig genug: Er war immer noch blass, aber er trug jetzt einen Kapuzenpullover und eine Hornbrille. Als wir ihn sahen, hatten wir ein tierisch schlechtes Gewissen ihm gegenüber. Deshalb sprachen wir freundlich mit ihm und fragten, was er aus seinem Leben gemacht hatte. Er fing an zu erzählen, kein Wort von früher, er schien sich nicht einmal richtig an uns zu erinnern. Wir erfuhren, dass Joachim sein Informatik-Studium in Rekordzeit abgeschlossen hatte, dass er erst freiberuflicher Programmierer war, dann zum gefragten IT-Experten wurde und dass er jetzt vorwiegend als Berater für große, global tätige Unternehmen arbeitete. Wir erfuhren auch, dass er eine Senator-Card besaß und einen Wagen fuhr, der doppelt so teuer war wie unserer. Dafür, so berichtete er, saß er täglich bis zu 16 Stunden im Büro und kommunizierte über vier Handys, weil sich seine Auftraggeber in unterschiedlichen Zeitzonen befanden. In diesem Moment wurde uns klar, dass wir kein schlechtes Gewissen zu haben brauchten. Der hagere Mann, der da vor uns stand, würde auf immer und ewig ein Loser-Junge bleiben. Er war dazu geboren. Doch die Gegenleistung des Schicksals für diesen Makel war, dass er stinkreich und mega-erfolgreich war und wir nicht.

Einer dieser Jungen war auch Mark Zuckerberg. Er stammt aus einer wohlhabenden Zahnarzt-Familie und wuchs mit seinen drei Schwestern in einem langweiligen Kaff im US-Bundesstaat New York auf. Er war so etwas wie ein Wunderkind, hochtalentiert, aber mit offenkundig eklatanten Defiziten im sozialen Umgang. Auf dem College hatte er wenig bis gar keine Freunde. Aber er hatte seinen Verstand. Mit zehn schenkten ihm seine Eltern den ersten PC, einen »Quantex DX« mit 486er-Prozessor. Weil er ohnehin nichts Besseres zu tun hatte, kein Football und kein Basketball spielte, fing er an, in seinem Kinderzimmer zu programmieren. Nach wenigen Wochen hatte er eine Computer-Variante des Brettspiels »Risiko« entwickelt, allerdings der größeren Herausforderung wegen auf Latein. Wenig später beauftragte ihn sein Vater, für seine Praxis eine Art internes Netzwerk zu entwerfen, mit denen die Sprechstundenhilfe am Empfang die neuen Patienten gleich anmelden konnte. Der Junge tat, wie ihm geheißen, doch er weitete von sich aus den gewünschten Dienst gleich auf das elterliche zu Hause aus und nannte das Ganze »Zucknet«. Inzwischen hatte er einen Privatlehrer, um das Programmieren zu perfektionieren. Nach der zehnten Klasse wechselte Zuckerberg von der Highschool aufs College, wo er einen wissenschaftlichen Preis nach dem anderen abräumte und trotzdem ein Außenseiter blieb. Als er mit 18 ein Psychologie-Studium – natürlich an der Eliteuni Harvard – begann, spukte ihm das »Zucknet« immer noch im Kopf herum. Es musste doch möglich sein, etwas zu erfinden, mit dem man andere Leute kennenlernen konnte – etwa solche, die ebenso einsam und so komisch waren wie er.

Vor diesem Hintergrund entstand »Facemash«, eine Seite im Uni-Intranet, mittels der sich die Harvard-Kommilitonen untereinander ihrem Aussehen nach beurteilen konnten.

Obwohl er selbst wahrscheinlich nicht besonders gut dabei abschnitt, mochte Zuckerberg den Gedanken, zwei Fotos von Studentinnen nach dem Zufallsprinzip auswählen und bewerten zu lassen. Dass er keinerlei Rechte an den Bildern besaß, störte ihn nicht weiter; eine Eigenschaft, die er auch noch zehn Jahre später als mehrfacher Milliardär an den Tag legen sollte. Nach einem Rüffel durch die Uni-Leitung dachte er nach, wie er »Facemash« um- und vor allem: weiter ausbauen konnte. Wie es der Zufall wollte, traf Mark Zuckerberg in den Computerzimmern irgendwo im Tiefparterre des Campus tatsächlich drei andere Loser-Jungen und sogar ein Loser-Mädchen mit den gleichen Problemen, wie er sie hatte. Nun waren sie immerhin zu fünft. Er und die anderen Yotta-Hirne tüftelten auf der Basis von »Facemash« alsbald eine zumindest teilweise offene Netzwerk-Website aus, die auch an anderen Unis verfügbar sein sollte und die es ermöglichte, umfangreich zu interagieren. Über den Ursprung dieser wohl nicht von ihm stammenden Idee zerstritt er sich mit seinen Kurzzeit-Kompagnons schnell wieder, aber das war ihm egal. Denn binnen eines Jahres hatte das inzwischen »Facebook« genannte Projekt nahezu eine Million Studenten aus den ganzen USA als Mitglieder gewonnen. Zuckerberg hatte genug gesehen, um zu wissen, was er nun tun musste. Er schmiss sein Studium und widmete sich ganz der Optimierung jenes Einfalls, den er allem Anschein nach den einzigen Kumpels, die er je hatte, einfach geklaut hat.

Das war 2004.

Neun Jahre später hat Facebook knapp 1,1 Milliarden Mitglieder und der blasse Mark mindestens genauso viele Dollars auf dem Festgeldkonto. Was aber noch viel eindrucksvoller ist, als dass sich der schlaksige Nerd aus Dobbs Ferry rein rechnerisch gesehen drei Airbus A380 oder 5000 Einfamilienhäuser kaufen könnte: Mit seiner verfluchten Erfindung hat er beinahe ein Sechstel der Weltbevölkerung zu seinen Sklaven gemacht – und aus eigenständigen Individuen mit einem vitalen Privatleben willenlose Datenlieferanten und Netzwerkoholiker. Sein Netzwerk hat mehr Macht als Chinas Kommunisten, Russlands Oligarchen und Amerikas Waffenlobby zusammen. Nach dem Christentum und dem Islam ist Facebook, wenn man so will, inzwischen die drittgrößte Religionsgemeinschaft der Erde! Auch wenn es uns nicht passt: Das Netzwerk hat unsere Welt in Lichtgeschwindigkeit verändert – und als erste Zwischenbilanz nach ungefähr zehn Jahren lässt sich sagen: nicht gerade zum Guten. Viele von uns richten inzwischen ihr ganzes Leben nach Facebook aus und teilen intimste Einzelheiten aus ihrem Dasein Hunderten oder sogar Tausenden fremder Menschen mit. Unglaubliche drei Millionen Updates verzeichnet die Seite inzwischen in jeder einzelnen Minute! Darin überschwemmen wir andere Personen mit sinnlosen Informationen über Belanglosigkeiten aller Art und sind immer weniger dazu in der Lage, eine ganz normale zwischenmenschliche Beziehung zu führen. Stattdessen lassen wir uns verrückt machen von einem lächerlichen Pixel-Daumen und wetteifern um die höchste Anzahl sogenannter Freunde. Angesichts all dessen wirft sich die Frage auf: Was, verdammt noch mal, hat dieser Spargeltarzan nur aus uns gemacht? Und wie zum Teufel haben wir uns derart einwickeln lassen?

Im Regelfall fängt alles ganz harmlos an: Etwa indem wir irgendeinen Namen googeln, der uns gerade in den Sinn kommt, woraufhin wir die Mitteilung erhalten:

»Julia Wirzenbrink ist bei Facebook. Um dich mit Julia zu verbinden, registriere dich heute noch für Facebook.«

Blöderweise waren wir zu diesem Zeitpunkt gerade Single, und unsere Exfreundin Julia, mit der wir im Alter von 15 bis 17 zusammen waren und mit der wir einst unsere allerersten sexuellen Erfahrungen machten, sah auf dem einzig einsehbaren Foto auf ihrer Startseite, die wir gerade vor uns hatten, leider rattenscharf aus. Zudem konnten wir auf den allerersten Blick dank ihrer Favoritenliste noch sehen, dass sich die Gute immer noch wie damals für rhythmische Sportgymnastik interessierte, außerdem in einem örtlichen Zumba-Studio trainierte und offenbar bei einem angesagten Modelabel arbeitete. Das alles freilich klang ziemlich ansprechend für einen ersten Eindruck, und wir wussten ja aus Erzählungen, dass eine kurze und witzige Facebook-Botschaft selbst bei noch so stolzen Schönheiten das Eis zum Schmelzen bringen konnte. Vor allem dann, wenn man wie wir nicht die Eier in der Hose hatte, das von Angesicht zu Angesicht zu erledigen!

Allerdings hatten wir in den vergangenen Monaten wegen der vielen negativen Berichte in den Medien immer wieder der Versuchung widerstanden, dem Netzwerk beizutreten. Zwar gerieten wir angesichts der von Gleichaltrigen grundsätzlich mit einem fassungslosen Unterton geäußerten Frage

»Wie, du bist nicht bei Facebook???«

stets in einen akuten Rechtfertigungsnotstand. Aber ein wenig stolz, bislang trotz des enormen Gruppenzwangs eisern geblieben zu sein, waren wir angesichts der Massen an Mitgliedern schon: Allein 25 Millionen sind es zurzeit bei uns in Deutschland, was einer Gesamtbevölkerungsabdeckung von fast 30 Prozent entspricht. Noch bemerkenswerter aber ist die Tatsache, dass es hierzulande lediglich 23 Millionen 15- bis 39-Jährige – die Kernzielgruppe von Facebook – gibt. Obwohl auch immer mehr ältere Menschen das Netzwerk nutzen, bedeuten diese nüchternen Zahlen in der Praxis: Fast jeder unserer Bekannten hat inzwischen einen Account! Die meisten davon verabreden sich ausschließlich via Facebook, gratulieren einander auf der Pinnwand zum Geburtstag oder tauschen sich über den neusten Klatsch und Tratsch aus. Während wir im Tal der Ahnungslosen leben, adden sie Dutzende neuer Kontakte. Einige lernten sich angeblich dank des Netzwerks überhaupt erst kennen, indem sie aus Langeweile oder Geilheit oder einer Mischung daraus nächtelang die Freundeslisten ihrer »Freunde« durchstöberten. Und ein Typ, von dem wir allerdings nur über drei Ecken gehört haben, soll sogar seinen neuen und deutlich besser bezahlten Job aufgrund seines aussagekräftigen Profils gefunden haben. Aus dieser Sicht sprach eigentlich alles für Facebook!

Wir wollten im Grunde nur Julia Wirzenbrink kontaktieren, die wir seit ein paar Jahren nicht mehr live und in Farbe gesehen haben, obwohl sie Luftlinie allenfalls eineinhalb Kilometer von uns entfernt wohnte – und dabei herausfinden, ob sie solo war. Über Facebook wäre das natürlich verhältnismäßig unverdächtig möglich. »Scheiß drauf«, dachten wir – es wird alles schon nicht so schlimm sein! Eine Sekunde später klickten wir auf den harmlosen grünen Registrierungs-Button neben Julias verlockendem Strandfoto, das auch dann noch auf dem Bildschirm zu sehen blieb, als wir unsere Basisdaten in die Anmeldemaske eingaben, unter der in einer deutlich kleineren Schrift geschrieben stand:

> **Achtung:**
>
> Wenn du auf »Registrieren« klickst, akzeptierst du unsere Nutzungsbedingungen und erklärst, unsere Datenverwendungsrichtlinien sowie Bestimmungen zur Verwendung von Cookies gelesen zu haben.

Das hatten wir natürlich nicht, aber das waren offenbar auch ein paar Hundert Seiten. So viel Zeit konnten wir uns beim besten Willen nicht nehmen, im Übrigen gingen wir davon aus, dass das schon alles seine Ordnung hatte. Sonst dürften die das sicher doch gar nicht machen.

Und dann waren wir drin!

Was wir damit anrichteten, bemerkten wir selbstverständlich zu diesem Zeitpunkt nicht. Schließlich kostete das Ganze noch nicht mal Geld. Also konnte Facebook trotz der zahlreichen kritischen Berichte in letzter Zeit gar keinen Haken haben. Und überhaupt war eines seltsam: Auch diejenigen, die sich da jüngst so distanziert äußerten über Datenklau, Sicherheitslecks und mangelnde Schutzmechanismen, hatten sich doch allesamt selbst mit an den Erfolg von Facebook angehängt – und verwiesen nach jedem einzelnen ihrer Artikel auf das eigene Profil im Netzwerk oder gierten nach einem »Gefällt mir«-Klick.

Dabei ist die Tatsache, dass die Mitgliedschaft kostenlos ist, bereits der erste und wahrscheinlich der größte Haken von allen: Denn wer keine Kohle bezahlt, der ist in der schönen, weltweiten Facebook-Welt schlicht und ergreifend kein Kunde, sondern allenfalls ein Bittsteller. Kunden sind dagegen nur diejenigen, denen die Sache etwas wert ist. Und die Sache – das sind vor allem unsere vertraulichen Nutzerdaten, die für die Werbeindustrie weltweit so verlockend wirken wie eine bunte Blüte auf eine bestäubungswillige Biene. Ein einziger ordentlicher, sprich: möglichst umfangreicher Datensatz kann Expertenschätzungen zufolge bis zu 100 Dollar einbringen! Mindestens diese Summe schuldeten wir Facebook gewissermaßen seit unserer Anmeldung.

Nur so ist auch zu erklären, dass schon vor einigen Jahren die US-Bank Goldman Sachs unfassbare 450 Millionen Dollar für einen Anteil von gerade einmal 0,8 Prozent an dem sozialen Netzwerk berappte, als das erst halb so viele Nutzer hatte. Obwohl sich sicherlich einige dieser New Yorker Finanzhaie in den vergangenen zehn Jahren die Birne weggekokst haben dürften – wenn's ums Geldverdienen ging, war auf die gierigen Goldman-Guys stets Verlass. Daher dürften sie sich bei dieser stattlichen Investition schon etwas gedacht haben. Nämlich dass noch viel mehr aus dem Ding herauszuholen ist, als das bislang der Fall war. Und Facebook besitzt inzwischen wirklich eine ganze Menge Datensätze; höchstens das zentrale Bürger-Erfassungsbüro in Peking hat noch ein paar mehr. Auch wir waren jetzt mit dabei, nicht in Peking, versteht sich, sondern im runderneuerten »Zucknet«. Wir hatten vielleicht noch nicht so viele Fotos eingestellt wie Julia Wirzenbrink und die meisten anderen Nutzer. Und auch bei den »Likes« waren wir noch ganz am Anfang. Aber das würde schon werden – und das musste es aus der Sicht von Facebook auch: Denn hauptsächlich dieser kleine, verfluchte Knopf mit dem prägnanten Daumen ist die Währung, in der wir unsere Außenstände nach und nach begleichen müssen.

Erstaunlicherweise wurde der »Like«-Button im Februar 2009 – also vier Jahre nach der Gründung – überhaupt erst eingeführt, bei uns sogar noch ein ganzes Jahr später. Mittlerweile jedoch wird das Teil Tag für Tag ungefähr 2,7 Milliarden Mal angeklickt! Mit jedem einzelnen dieser Klicks sollen wir das Interesse oder die Zustimmung für eine Website oder auch nur einen bestimmten Inhalt ausdrücken. Vermutlich aber machen sich die meisten User keinerlei tiefer gehende Gedanken, inwiefern sie tatsächlich dem Brausehersteller Red Bull (38 Millionen Likes) oder der Seite des Tourismusverbandes Fränkische Schweiz (3400 Likes) zugeneigt sind. Man klickt vielmehr wie selbstverständlich irgendwo drauf, wenn man auf einer Seite länger als eine Millisekunde hängen bleibt oder diese von einem »Freund« empfohlen bekommt. Einzig für Facebook selbst ist natürlich sonnenklar, dass die hellblaue Hand mit dem weißen Hemdknopf so wertvoll ist wie echtes Bargeld und für die Wirtschaft mindestens dieselbe Aussagekraft besitzt wie eine umfassende Marktstudie.

Deshalb streuen die Verantwortlichen genüsslich Geschichten wie die des Jeans-Herstellers Levi's, der durch die Einbettung des »Like«-Buttons vor einiger Zeit auf einen Schlag 40 Prozent mehr Besucher auf seine Internetseiten gelockt haben soll. Ob das nun wirklich stimmt, sei dahingestellt. In Wahrheit jedenfalls ist das Knöpfchen nichts weiter als eine unverschämte Datenschleuder, die Informationen ungefiltert an Facebook und die beteiligten Unternehmen weitergibt. Unter den Daten, die mit einem kurzen »Gefällt mir« mal schnell den Besitzer wechseln, sind natürlich das Datum und die Uhrzeit, an denen wir die entsprechende Seite besucht haben, die IP-Adresse unseres Computers, unsere Benutzeridentität und unsere weiteren »Gefällt mir«-Spuren. Problematisch hierbei ist weniger der eine Klick an sich. Sondern vor allem, dass die Daten rasend schnell mit anderen verknüpft werden können. Das geschieht mithilfe sogenannter iFrames, die in der Regel von Facebook selbst programmiert werden und die bei der Einbettung eines neuen »Like«-Buttons auf irgendeine Webseite praktischerweise gleich mit inbegriffen sind. Ist der jeweilige Seitenbesucher dann gleichzeitig bei Facebook eingeloggt, kann das Netzwerk zusammenfügen, was nicht zusammengehört – und ein immer lückenloseres personalisiertes Profil erstellen.

Der Konzern kennt dann binnen kurzer Zeit nicht nur die im Facebook-Profil angegebenen Vorlieben, sondern auch solche, die sich erst aus dem individuellen Surfverhalten im Web ergeben. Zu den übermittelten Infos gehören Bereiche unseres persönlichen Lebens, unseres Freundeskreises und unsere Bilder und Aufenthaltsorte. Moderne Rechenprogramme wie etwa jenes des amerikanischen Softwareherstellers Raytheon sind längst in der Lage, aus solchen Bewegungen auch das zukünftige Nutzerverhalten präzise vorherzusagen. Das heißt: Das genaue Verhalten von über einer Milliarde Menschen lässt sich mittels geschickter Algorithmen im Voraus berechnen! Wenn wir also nur lange genug bei Facebook dabei sind und genügend »Likes« abgesetzt haben, dann wissen die Kerle unter Umständen schon, dass wir uns demnächst für den gemeinsamen Badeurlaub mit Julia Wirzenbrink irgendwo eine Bermuda und einen Mallorca-Reiseführer bestellen, obwohl wir selbst noch davon ausgehen, alleine im Bayerischen Wald Urlaub machen zu müssen.

Versicherungsunternehmen, bekanntlich schon immer die Speerspitze in Sachen unternehmerischer Seriosität, nutzen das Netzwerk der unbegrenzten Möglichkeiten bereits umfassend – und geben das sogar ganz offen zu. So bekannte der Vorstandsvorsitzende des französischen Assekuranz-Riesen Axa Direct, das Einkaufsverhalten seiner Kundschaft längst anhand des Online-Verhaltens zu analysieren. Aus den Daten, die aus sozialen Netzwerken wie Facebook stammen, sowie aus den Cookies anderer Webseiten berechnet Axa die individuelle Prämie für den jeweiligen Versicherten. Bis zu 50 Variablen berücksichtigen die findigen Franzosen bei dieser Art der Beitragsermittlung – bestimmt ausschließlich zugunsten der Klienten. Genauso handhaben es unzählige Online-Shops, die ihren Kunden verschiedene Preise für ein und denselben Artikel anbieten – je nachdem, ob die über Facebook, Google oder eine Rabattsuchmaschine dort gelandet sind!

Dabei kann schon eine einzige »Gefällt mir«-Angabe höchst verräterisch sein: Eine Studie des Psychometrischen Zentrums der University of Cambridge unter rund 60 000 Facebook-Mitgliedern ergab, dass sich daraus eindeutig Rückschlüsse auf konkrete Eigenschaften des Nutzers ziehen lassen! In 95 Prozent aller Fälle lagen die englischen Forscher nach ihrer »Like«-Analyse mit der Annahme richtig, der Nutzer sei schwarz, in 88 Prozent aller Fälle tippten sie korrekt auf dessen Homosexualität und bei immerhin 85 Prozent der Account-Inhaber ließ sich einwandfrei bestimmen, ob derjenige Moslem oder Christ ist. Ein schwuler, muslimischer Farbiger sollte sich also zumindest in den USA lieber zweimal überlegen, ob er die Support-Page von Edward Snowden wirklich gut finden möchte!

Dass außer solchen digitalen Durchleuchtungsszenarien in unschöner Regelmäßigkeit auch immer wieder eklatante Pannen passieren, lässt den Konzern traditionell ebenfalls eher kalt. So musste Facebook erst neulich zugeben, dass durch einen klitzekleinen Softwarefehler eines externen Anbieters die privaten Account-Informationen von immerhin sechs Millionen Nutzern aus Versehen mal eben an andere Nutzer weitergegeben wurden. Dass durch derartige Sicherheitslücken jemand völlig Unbefugtes plötzlich unter Umständen unsere Telefonnummer oder die Privatadresse auf dem Bildschirm hat, ist für die Verantwortlichen nicht weiter tragisch –

bei so vielen Teilnehmern kann ja auch nicht immer alles hundertprozentig klappen. Das tut es in Indien schließlich auch nicht! Auch wenn Facebook stets beteuert, keinen Unfug mit unseren Angaben anzustellen – durch solche Mängel wird deutlich, dass irgendwo im digitalen Hintergrund die einzelnen Nutzerinformationen sehr wohl zusammenlaufen – zur wahrscheinlich größten und fehleranfälligsten Datenbank der Welt.

Dass mit deren brisantem und vor allem vertraulichem Inhalt zumindest unzählige zahlungskräftige Werbekunden geködert werden, ist das unausgesprochene Geschäftsprinzip von Facebook – irgendwo müssen die über sechs Milliarden Dollar Jahresumsatz und die 560 Millionen Quartalsgewinn schließlich herkommen! Damit ist Zuckerbergs neugierige Online-Butze freilich nicht alleine: Auch die Freunde im Geiste namens Twitter und Google Plus beispielsweise sind sehr großzügig in Bezug auf die Weitergabe von geheimen Infos. Nichts aber ist vergleichbar mit den kruden Methoden rund um den behämmerten »Gefällt mir«-Schalter, dessen Verbreitung immer absurdere Ausmaße annimmt. So ist der Button bereits auf schätzungsweise 150 Millionen Websites platziert. Die meisten Unternehmen verbinden mit dieser Anbiederung an Facebook die Hoffnung, dass neben einer Menge Indiskretionen über uns Nutzer auch jede noch so lahmarschige Internetpräsenz dadurch eine gewisse Aufwertung erfährt. Klar, dass das oft genug nach hinten losgeht.

Peinlich wird's vor allem bei professionellen Accounts, die kein Schwein wirklich interessieren. Dass Bayern München, Justin Bieber oder Papst Franziskus I. vielleicht noch mit einigermaßen beeindruckenden Fan-Zahlen angeben können, lässt so manchen kommerziellen Betreiber eines »Gefällt mir«-Grabes schnell unter Druck geraten; gilt doch im Web 2.0 nur noch derjenige als glaubwürdig und angesagt, der viele »Likes« vorweisen kann. Doch wie sollen zum Beispiel ein stinknormaler deutscher Mittelständler oder eine in der dritten Runde von *DSDS* ausgeschiedene Gesichtsbaracke bei diesem Wettlauf mithalten? Kein Wunder, dass findige

Geschäftsleute hier eine profitable Marktlücke entdeckt haben: Sie bieten einfach »Likes« zum Kauf an!

Diese Art der virtuellen Prostitution funktioniert ganz einfach: Durch Tausende, teils gefälschte Anmeldedaten können sich zum Beispiel selbstsüchtige *Dschungelcamp*-Teilnehmer, kleinkarierte Lokalpolitiker oder verzweifelte Katzenstreuhersteller Fans zur Aufhübschung ihres Profils kaufen. Für 10 000 asiatische »Likes« kostet das auch nur ein paar Hundert Euro. Je weiter es unterstützermäßig allerdings nach Westen geht, umso teurer wird's blöderweise. Wer also nicht nur halbwüchsige Usbeken unter seinen Anhängern haben möchte wie ein namhafter deutscher Käsehersteller, der sollte besser etwas tiefer in die Tasche greifen, um sich nicht zum Larry zu machen. Wenn der Schwindel dann auffliegt, könnte das in Bezug auf die öffentliche Meinung so ziemlich das Gegenteil erzeugen – und die gekauften »Likes« werden zum Image-Desaster. Nur von Natur aus aufrichtige Weltstars wie Rihanna, Cristiano Ronaldo oder Shakira haben wahrscheinlich wirklich jeweils ein paar Millionen Getreue allein in Mexico City, wie ihre Facebook-Profile allesamt aufzeigen – das soll ja auch eine ziemlich große Stadt sein. Facebook räumte inzwischen ein, dass eigenen Schätzungen zufolge ungefähr 1,5 Prozent aller Profile missbräuchlich verwendet werden. Online-Experten gehen freilich davon aus, dass zumindest bei gewerblichen Facebook-Seiten schon jeder dritte »Gefällt mir«-Klick schlicht gefälscht ist! Das aber kann – im Gegensatz zu einem Fake-Fan auf einer privaten Seite – aufgrund von Irreführung des Verbrauchers illegal sein und empfindliche Strafen nach sich ziehen.

Mark Zuckerberg dürfte das alles mit ziemlicher Sicherheit am Allerwertesten vorbeigehen. Schließlich katapultierte sein »Like«-Button den Wert seiner Firma auf einen Schlag um mindestens 20 Milliarden Dollar nach oben. Die Kreativität beim Kohlescheffeln und dem kollektiven Datenabsaugen aber war damit noch lange nicht am Ende angelangt: Gleich nach der Einführung des depperten Daumens beglückte der Konzern seine Nutzer mit der Anwendung »Places«, einer Art digitaler Stempeluhr, die es erlaubt, sich an einer beliebigen Stelle mit seinem Facebook-Zugang anzumelden. Dass der aktuelle Aufenthaltsort aber eigentlich eine durchaus sensible Information darstellt, ist den meisten Anwendern, die ihr gesamtes Leben minutengenau fröhlich vom Biergartenbesuch bis zum Balearen-Urlaub transparent machen, wahrscheinlich nicht ganz klar. Vielleicht sollten sie einmal darüber nachdenken, wer alles lieber nicht mitbekommen sollte, dass man gerade im Fitnessklub, dem Stamm-Italiener oder dem Lieblings-Puff eingecheckt hat – der Chef, die Gattin oder ein kreativer Krimineller zum Beispiel. Zwar kann man den Quatsch irgendwo in seinen Einstellungen umständlich deaktivieren und sollte das auf dem Smartphone darüber hinaus noch mal separat erledigen. Aber da muss man erst mal drauf kommen.

Explizit hingewiesen wird man bei Facebook nämlich auf so gut wie gar nix. Dass einst die Standardeinstellungen dahingehend verändert wurden, anstatt einige wenige plötzlich möglichst viele private Infos öffentlich zu machen, wurde erst nach heftigen Protesten weltweit wieder revidiert – ein bisschen jedenfalls. Auch die berühmt-berüchtigte Timeline, also die Chronik der ganzen idiotischen Meldungen, ist nur mit größter Vorsicht zu genießen. Denn darin werden den Anwendern dank geschickter Aufbereitungsvarianten nicht nur Details aus dem Leben entlockt, die unter Umständen niemals den Weg ins Netz hätten finden sollen. Unsere »Freunde« können darüber hinaus mit ein bisschen Herunterscrollen unter Umständen noch nach Jahren nachvollziehen, was wir im Überschwang unserer Gefühle über einen in Ungnade gefallenen anderen Nutzer, den cholerischen Vorgesetzten oder einen philisterhaften Lokalpolitiker gepostet haben. Wer darin kein Problem sieht, sollte bedenken, dass auch auf Facebook der Grundsatz greifen könnte, dass man sich immer zweimal im Leben begegnet – in echt oder wenigstens virtuell. Logisch, dass einem solche längst vergessenen und aus diesem Grund auch nicht gelöschte Aussetzer irgendwann um die Ohren fliegen können! Wenn wir also vor zwei Jahren auf Facebook den für unsere Straße zuständigen Stadtrat aufgrund seines mangelnden Einsatzes für eine Anwohnerparkregelung einen Quadratversager genannt haben sollten, dann sollte der Typ bei der nächsten Kommunalwahl besser nicht zum Oberbürgermeister gewählt werden, sonst sieht's mit der weiteren Karriere im öffentlichen Dienst unter Umständen zappenduster aus. Dass der Chronik-Einführungsslogan

> **Chronik**
>
> Erzähle deine Lebensgeschichte mit einem neuartigen Profil.

schon von vornherein eher wie eine Drohung klang, schreckte offenbar nicht besonders viele User ab. Eigentlich auch kein Wunder – immerhin unterstützt dieser Dienst die Profilneurose mancher Facebook-Mitglieder nach Kräften.

Mit der netzwerkeigenen Rasterfahndung »Graph Search« ist der Big Brother sogar noch ein bisschen größer geworden: Vordergründig soll die Suchfunktion dazu dienen, die immensen Informationsmengen der Mitglieder besser zu koordinieren und zusammenzuführen. Wenn wir also irgendwann einmal ein Foto aus dem Stadion gepostet haben, ein Trikot in einem Online-Shop kauften und noch dazu jeden Tag irgendeine »kicker«-Meldung liken, dann reimt sich die »Graph Search« zusammen, dass wir ein leidenschaftlicher Fußball-Fan sein müssen. Und wer genau so jemanden in seiner näheren Umgebung sucht, der findet am Ende womöglich: uns. Unabhängig davon, dass wir null Bock darauf haben, von einem Dritten als Hobby-Hooligan identifiziert zu werden, verführt die Suche natürlich auch zum Spionieren: US-Blogger Tom Scott stöberte aus experimentellen Gründen nach verheirateten Menschen, denen gleichzeitig ein Seitensprung-Portal gefiel – und fand auf Anhieb über 100 Facebook-Mitglieder. Dank »Graph Search« werden bald so manche Aktivitäten, über die besser niemand Bescheid wissen sollte, derart öffentlich, dass man auch gleich eine Anzeige mit seinen Vorlieben in der Zeitung aufgeben könnte. Und je mehr Informationen die Nutzer zugänglich machen, umso genauer arbeitet die neue Anwendung.

Die vielfältigen Daten jedenfalls, die das Netzwerk schon nach wenigen Tagen von uns besitzt, hätten jedem gestandenen Stasi-Offizier Freudentränen in die Augen getrieben. Kurz nach unserer Erstanmeldung kamen bereits die ersten Vorschläge, wer unter Umständen als unser »Freund« infrage käme. Die meisten davon kannten wir nicht, einige, die wir kannten, konnten wir nicht leiden. Dass aber ohne unser Zutun auch ein paar Menschen darunter waren, mit denen wir tatsächlich enger zu tun hatten, hatte durchaus einen gewissen Gruselfaktor, doch dazu später mehr.

Julia Wirzenbrink wurde zwar komischerweise von Facebook übersehen, geaddet haben wir sie natürlich trotzdem – deswegen hatten wir uns ja eigentlich überhaupt erst angemeldet. Nachdem wir dank der integrierten Connection-Funktion feststellen durften, ein gutes Dutzend gemeinsamer Bekannte zu besitzen, waren wir endlich innig miteinander verbunden: Wir waren nun Facebook-»Freunde«! Dass die selten große Geheimnisse voreinander haben, wurde uns schnell klar: Auf Julias Seite bekamen wir allerhand aufgeschlossene Impressionen aus dem letzten Fuerteventura-Urlaub zu sehen, ebenso beeindruckende Fotos ihres Sportgymnastik-Contests vom Wochenende, sämtliche Ansichten der offenbar neuen Dachgeschosswohnung in der Altstadt, die ersten Gehversuche ihres Katzenbabys und vor allem: Bilder des durchtrainierten Freundes namens Rolf, den sie allem Anschein (beziehungsweise einem der virtuellen Bilderalben) nach vor nicht allzu langer Zeit im Zumba-Kurs kennengelernt hat. Klar, dass der süße Trainerschnuckel auch einen umfangreichen und für uns ebenfalls einsehbaren Facebook-Account mit ein paar Hundert braungebrannten Hupfdohlen als »Freunde« hat. Bei dieser Gelegenheit ist uns ein Facebook-Manko das erste Mal so richtig bewusst geworden: Warum gibt es eigentlich keinen offiziellen »Gefällt mir nicht«-Button? Den hätten wir in diesem Augenblick nämlich gerne gedrückt. Aber auf so etwas

Sinnvolles kommt der Zuckerberg ja nicht – wahrscheinlich, weil man damit nicht so viel Zaster verdienen kann!

Dafür dürfen wir uns jetzt nahezu rund um die Uhr an Informationen von Julia und allen anderen unserer Kontakte erfreuen, die wir in unseren Neuigkeiten lesen können. An einem ganz normalen Tag sieht unsere Pinnwand dann in etwa so aus:

Susi Bauernfreund

http://bauernfreund.de

Scheiß Wochenende! Scheiß Wetter, scheiß Feier und den ganzen Sonntag mit Kater im Bett ;-(

Vor 17 Stunden • Gefällt mir • Kommentieren • Teilen

Unmittelbar unter dieser subtilen Gesellschaftskritik der uns nur flüchtig bekannten Susi werden wir gefragt, ob uns dieser Eintrag gefällt oder ob wir diesen kommentieren wollen. Bevor wir aber dazu kommen, darüber nachzudenken, meldet sich schon jemand anderes diesbezüglich zu Wort:

Alex Obermeier Wie heißt denn der Kater (*kicher)?

Vor 16 Stunden • Gefällt mir

Bevor Susi Bauernfreund sich dieser Unterstellung erwehren kann, meldet sich Hans-Jürgen zu Wort, einem Kumpel, dem offenbar der Sieg des FC Bayern München gegen seinen Lieblingsverein am Vortag noch in den Knochen steckt.

Hans-Jürgen

http://Hansi_Hasi.de

Hansi Kapp und 4 weitere Freunde sind der Gruppe Scheiß FCB beigetreten. 107 weiteren Personen gefällt das.

Vor 4 Stunden • Gefällt mir • Kommentieren • Teilen

Diese »Gruppen« kannten wir bis dahin noch gar nicht. Sie scheinen uns aber eine durchaus originelle und basisdemokratische Einrichtung zu sein. Wir wollen gerade auf den Daumen klicken, da müssen wir unsere Aufmerksamkeit wieder dem eher misslungenen Wochenende von Susi widmen, ob wir wollen oder nicht.

Susi Bauernfreund
http://bauernfreund.de
Scheiß Wochenende! Scheiß Wetter, scheiß Feier und den ganzen Sonntag mit Kater im Bett ;-(

Vor 17 Stunden • **Gefällt mir** • **Kommentieren** • **Teilen**

Susi Bauernfreund   Sehr witzig! Hab drei Mal gekotzt und mich dann wieder hingelegt.
Vor 3 Stunden • **Gefällt mir**

Alex Obermeier   So krass? Auaauaua

Vor 3 Stunden • **Gefällt mir**

Susi Bauernfreund   Krasser. Ist mir noch nie passiert, mich hats voll weggeflasht.
Vor 3 Stunden • **Gefällt mir**

Plötzlich schaltet sich die Politik dazwischen, und zwar in Gestalt unseres lokalen Landtagsabgeordneten.

Dr. Wolfrum Weber
http://weber_vor_the_win.de
Das Statement der Bundeskanzlerin zum Thema Integrationspolitik ist an Scheinheiligkeit nicht zu überbieten!

Vor 2 Stunden • **Gefällt mir** • **Kommentieren** • **Teilen**

Diese Einlassung wirkt auf uns jetzt aber sehr schroff, dabei haben wir noch gar nicht mitbekommen, was Frau Merkel genau gesagt hat.

Susi Bauernfreund

http://bauernfreund.de

Scheiß Wochenende! Scheiß Wetter, scheiß Feier und den ganzen Sonntag mit Kater im Bett ;-(

Vor 17 Stunden • **Gefällt mir** • **Kommentieren** • **Teilen**

> **Susi Bauernfreund** Naja: Zwei Flaschen Weiwein und locker fünf Campari-O! Und alles nur, weil der Wichser von Christian mich vor der Feier abserviert hat?
>
> Vor 2 Stunden • **Gefällt mir**

Kurios, das letzte Mal, als wir von Susanne gehört hatten, war sie noch mit einem gewissen Sven zusammen, der ...

> **Sven T.** Geschieht Dir recht! :-0
>
> Vor 2 Stunden • **Gefällt mir**

> **Susi Bauernfreund** Was will'n der Nuttentröster jetzt???
>
> Vor 2 Stunden • **Gefällt mir**

Julia Wirzenbrink

http://julia.wirzenbrink.de

Julia Wirzenbrink ist jetzt mit Dr. Wolfrum Weber befreundet.

Vor 1 Stunde • **Gefällt mir** • **Kommentieren** • **Teilen**

Susi Bauernfreund

http://bauernfreund.de

Scheiß Wochenende! Scheiß Wetter, scheiß Feier und den ganzen Sonntag mit Kater im Bett ;-(

Vor 17 Stunden • **Gefällt mir** • **Kommentieren** • **Teilen**

> **Sven T.** Überleg doch mal! Ich hab gleich gesagt, dass Chris 'ne falsche Sau ist..
>
> Vor 1 Stunde • **Gefällt mir**

> **Alex Obermeier** Halt doch die Fresse, echt! Du bist doch an allem schuld.
>
> Vor 1 Stunde • **Gefällt mir**

Langsam verlieren wir ein bisschen den Überblick. Bei dem einen Mal, an dem wir Sven kurz gesehen hatten, fanden wir ihn ganz nett. Zumal er uns sofort danach eine Freundschaftsanfrage geschickt hat.

> **Sven T.** Du musst grad was sagen, du bist doch eh jedes WE mit einem anderen Typen am Start
> Vor 1 Stunde • **Gefällt mir**

Drei Wetter Taft

http://taft.de
Stell Dich der Action-Challenge und gewinne coole Preise!

Vor 1 Stunde • **Gefällt mir** • **Kommentieren** • **Teilen**

Julia Wirzenbrink

http://julia.wirzenbrink.de
Julia Wirzenbrink ist jetzt mit Tom Braider befreundet.

Vor 1 Stunde • **Gefällt mir** • **Kommentieren** • **Teilen**

Unsere Angebetete scheint gerade wieder sehr umtriebig zu sein, aber was hat das mit einem Haarspray zu tun? Vielleicht sollten wir uns lieber zurückziehen, nicht dass wir noch irgendwo hineingezogen werden. Wobei – nicht, dass wir verpassen wie ...

Susi Bauernfreund

http://bauernfreund.de
Scheiß Wochenende! Scheiß Wetter, scheiß Feier und den ganzen Sonntag mit Kater im Bett ;-(

Vor 17 Stunden • **Gefällt mir** • **Kommentieren** • **Teilen**

> **Alex Obermeier** Du bist echt das Letzte!
> Vor 1 Stunde • **Gefällt mir**
>
> **Susi Bauernfreund** Mir reichts, ich leg mich wieder hin!
> Vor 1 Stunde • **Gefällt mir**

Dr. Wolfrum Weber

http://weber_vor_the_win.de

Eine gelungene Integrationspolitik setzt voraus, dass eine Regierung nachhaltige und lückenlose Angebote für Zuwanderer bereithält. Diese Bundesregierung spaltet die Gesellschaft.

Vor 43 Minuten • **Gefällt mir** • **Kommentieren** • **Teilen**

Das finden wir eigentlich nicht, das sollten wir dem Weber mal schreiben. Überhaupt können wir uns gar nicht erinnern, den Typen als »Freund« eingeladen zu haben. Woher ...

ZalandoLounge

http://zalando.de

ZalandoLounge: Bis zu 50 Prozent Rabatt auf die neuesten Styles. Sichere Dir jetzt Deinen 10-Euro-Gutschein.

Vor 40 Minuten • **Gefällt mir** • **Kommentieren** • **Teilen**

Klausi W

mail@klausi.w.de

Was für ein geiles Wochenende... Drei Punkte und Tabellenführung

Vor 32 Minuten • **Gefällt mir** • **Kommentieren** • **Teilen**

Susi Bauernfreund

http://bauernfreund.de

Scheiß Wochenende! Scheiß Wetter, scheiß Feier und den ganzen Sonntag mit Kater im Bett ;-(

Vor 17 Stunden • **Gefällt mir** • **Kommentieren** • **Teilen**

Sven T	Typisch erst die Fresse aufreißen und dann abtauchen.
Vor 25 Minuten • **Gefällt mir**	
Hansi Kapp	Halts Maul, du Bayern-Sack!!
Vor 18 Minuten • **Gefällt mir**	

| Alex Obermeier | Stupid Idiot!! |

Vor 11 Minuten • Gefällt mir

Julia Wirzenbrink

http://julia.wirzenbrink.de

Julia Wirzenbrink ist jetzt mit Susi Bauernfeind befreundet

Vor 6 Minuten • Gefällt mir • Kommentieren • Teilen

Amazon.de

http://amazon.de

Wir gratulieren Peter Frampton zum 63.

Vor 3 Minuten • Gefällt mir • Kommentieren • Teilen

Klausi W

mail@klausi.w.de

Dem BVB, dem BVB, dem tut die Niederlage weh :-)

Vor 2 Minuten • Gefällt mir • Kommentieren • Teilen

Schreibe einen Kommentar ...

Wie bitte? Was hat denn Amazon mit Peter Frampton zu tun? Und warum hat Julia jetzt die Bauernfreund ...? Egal! Wir sind von der Flut an unterschiedlichen Informationen leicht überfordert und loggen uns wieder aus. Wo soll das nur alles hinführen? Zum Glück erlaubt uns Facebook offenbar wenigstens, den ganzen einfältigen Schnickschnack oder Teile davon einfach auszublenden. Allerdings müssen wir genau begründen, warum wir eine Statusänderung oder einen Post verbergen wollen. Das geschieht natürlich nicht, um uns noch genauere Angaben zu entlocken, die dann die geldgierigen Hochdruckschädel aus Menlo Park/CA direkt an die Werbeindustrie weiterleiten können. Sondern nur, damit die fürsorglichen Netzwerk-Administratoren des Netzwerks in der Lage sind, genauer auf unsere vielfältigen virtuellen Wünsche und Vorlieben einzugehen. Um uns für so viel Selbstlosigkeit zu bedanken, hätten wir den bleichgesichtigen Mark am liebsten in den nächsten Pausenhof-Papierkorb gesteckt.

Sonnenlicht, Gangnam Style und Flashmobs

Wie mit Youtube jeder Idiot eine Bühne bekommt

Klar, einzelne Ausnahmen gab es schon immer – aber wer früher bekannt werden wollte, für den galt normalerweise eine eherne Regel: Er musste dafür einige Anstrengungen unternehmen! Der Siegeszug des Videoclips ab Ende der Siebziger vereinfachte den Weg zumindest in die musikalische Ruhmeshalle zwar etwas, trotzdem durchlief zum Beispiel Louise Veronica Ciccone eine wahre Ochsentour, ehe aus der begabten Schülerin mit einem Intelligenzquotienten von 140 die weltweit umjubelte Pop-Ikone Madonna wurde. Davor lagen Abertausende Klavierstunden, Gitarren- und Schlagzeugunterricht, eine knochenharte Ausbildung als Tänzerin sowie eine Tingeltour durch die Schwulendiscos der amerikanischen Autometropole Detroit. Von den nächtlichen Nebenjobs als Kellnerin, mit denen sie ihren großen Traum von der noch größeren Karriere finanzierte, ganz zu schweigen. Nun kann man heute sicherlich darüber streiten, ob es noch ansehnlich ist, dass die Frau mit Mitte 50 noch in Netzstrümpfen über die Bühne toben muss. Eines aber ist unstrittig: Madonna hat sich ihren Erfolg hart erarbeitet. So wie zahlreiche andere auch, die es dank einer Mischung aus Talent, Fleiß und natürlich einer ordentlichen Portion Glück ganz nach oben geschafft haben.

Mittlerweile braucht man dafür im Idealfall nur noch einen Computer mit Internetanschluss und eine Kamera.

Youtube heißt der dazugehörige Idiotenbeschleuniger, der aus nahezu jedem Apfelsaftgesicht wenigstens kurzzeitig einen Star machen kann. Am 14. Februar 2005 wurde das Portal von drei ehemaligen PayPal-Mitarbeitern gegründet – wahrscheinlich, weil das Trio mit der vornehmen Bildschirmblässe sich darüber geärgert hat, dass es beim bereits einige Jahre zuvor bekannt gewordenen Bezahldienst-Anbieter ein bisschen zu spät eingestiegen ist, um das ganz große Geld zu machen. Das freilich hat sich rasch geändert: Schon ein Jahr später hatten die von der Youtube-Idee begeisterten Google-Vorstände Dollarzeichen in den Augen und kauften den Herren Chad Hurley, Steve Chen sowie Jawed Karim ihre Videoplattform für umgerechnet 1,31 Milliarden Euro ab und machte die blassen Spackos aus Kalifornien endlich zu Multimillionären.

Als sei es noch nicht schlimm genug, dass für ein Unternehmen, das seinerzeit aus einem zugegebenermaßen ziemlich leistungsfähigen Server, vier Dutzend Mitarbeitern und einer Firmenzentrale oberhalb eines italienischen Schnellimbisses bestand, so viel Geld aufgerufen wurde wie im selben Jahr beispielsweise für einen kerngesunden deutschen Immobilienkonzern mit 30 000 Mietwohnungen, hat sich der Deal für Google auch noch tatsächlich gelohnt: Heute werden jede einzelne Minute annähernd 75 Stunden Videomaterial hochgeladen und von über 800 Millionen Nutzern angeschaut. Auf einen normalen Monat hochgerechnet, ergibt sich so eine Youtube-Gesamtsendezeit von 350 000 Jahren! Also praktisch ein Nonstop-Film vom Pleistozän bis zur Jetztzeit – und das alle vier Wochen.

Mag sein, dass angesichts dieser Daten-Orgien vereinzelt auch mahnende Botschaften zur Wahrung der Menschenrechte in Tibet oder der Verschmutzung der Weltmeere in den Tiefen des Portals aufzustöbern sind. Aber die wirklich nachhaltigen politischen, philosophischen oder künstlerischen Botschaften findet man auf Youtube nicht wirklich. Stattdessen gibt uns die Seite erschütternde Einblicke in die Welt der Nerds und Eigenbrötler, der Selbstdarsteller und Geltungssüchtler. Dank der relativ einfachen Benutzerführung erfreuen wir uns also seit einigen Jahren an zahllosen Filmchen, in denen Babys das erste Mal in eine Zitrone beißen, Katzen auf den Teppich kotzen oder Fußballtorhüter gegen den Torpfosten prallen. Das allein freilich wäre vielleicht intellektuell noch hinnehmbar. Und wenn jemand unbedingt seiner Umwelt mitteilen mag, dass er auf seiner eigenen Hochzeit besoffen in die dreistöckige Sahnetorte hineingefallen ist, geschieht es ihm recht, dass ein paar Millionen Menschen über ihn lachen. Echt dämlich wird die Geschichte aber dann, wenn talentfreie Leute wegen eines dreiminütigen Internetstreifens unverdientermaßen bekannt, berühmt oder sogar reich werden. Das ärgert dann nicht nur hart arbeitende Alleinunterhalter!

Dabei ist Geld verdienen mit Youtube gar nicht so einfach. Zwar ist das Hochladen von Videos an sich ziemlich simpel, was eine Erklärung für die Übersättigung an Mitschnitten beschämender Erlebnisse sein mag. Partizipieren aber mag das Unternehmen seine Kunden nur höchst ungern lassen. Deshalb klingeln trotz eigenem Account samt Werbefreigabe gewöhnlich allenfalls 20 bis 30 Cent in der virtuellen Haushaltskasse, wenn das niedliche Filmchen von der Play-back singenden vierjährigen Tochter im Britney-Spears-Outfit tatsächlich ein paar Tausend schlimmstenfalls zur Pädophilie neigende Interessenten gefunden hat. Und auch an die paar Kröten ist nur schwer heranzukommen, denn über Art und Höhe der Ausschüttung entscheiden die Macher der Website mehr oder weniger autark – transparente Konditionen gibt es nicht, und Beschwerden sind mangels Kontaktmöglichkeiten schlicht nicht möglich.

Gleichwohl gibt es natürlich auch eindrucksvolle Gegenbeweise. So kann man sich mit einem eigenen Kanal und der entsprechend regelmäßigen Bestückung desselben durchaus ein paar Hundert Euro pro Monat dazuverdienen. Und die 1000 meistfrequentierten Youtube-Channel generieren laut aktueller Hochrechnungen der englischsprachigen Blog-Seite ReadWrite.com Einnahmen von jeweils durchschnittlich 276 000 Dollar im Jahr. Da müssen andere Hobbyfilmer und Gelegenheitsmusiker lange für ackern!

Noch einmal ungleich höher freilich ist der Nerv-Faktor, der entstehen kann, wenn erst einmal der berüchtigte Youtube-Hype ins Rollen gekommen ist. Bei uns fing das Unheil im März 2006 an, als drei türkischstämmige Jungs aus einer Laune heraus ein selbst geschriebenes Lied hochluden, das »Wo bist Du, mein Sonnenlicht?« hieß. Hätten sich die recht überschaubar talentierten Nachwuchs-Rapper mit ihren zu groß geratenen Seidenjacketts bei *Deutschland sucht den Superstar* beworben, hätte ihnen Dieter Bohlen vermutlich in drastischen Worten zu einer Karriere als Diplom-Dönerspieß-Schneider geraten. So aber machte der Clip im Netz rasend schnell die Runde. Auch, weil das noch junge Youtube-Phänomen eine ziemliche Faszination auf die im Web 2.0 noch unerfahrene Nutzergemeinde ausübte. So kam, was nicht hätte kommen dürfen: Die »Grup Tekkan« tingelte dank der massiven Youtube-PR durch Fernseh- und Radiosendungen aller Art, eine Plattenfirma schleppte das stimmenschwache Trio ins Studio – und dank der so noch nie dagewesen Form des viralen Marketings schaffte es das Lied bis auf Platz 12 der offiziellen deutschen Single-Charts. Bis heute haben das Sonnenlicht-Video auf Youtube selbst übrigens fast vier Millionen Menschen gesehen – so viele Platten hat Elton John von »Candle in the Wind« verkauft.

Der außergewöhnliche Erfolg dieses musikalischen Offenbarungseids hatte die anderen Medien aufgeschreckt. Es setzte geradezu eine Hetzjagd nach weiteren kuriosen Fundstücken ein, die sich noch auf Youtube – und den damals noch etwas ernsthafter vorhandenen Konkurrenzseiten – versteckt haben könnten oder die tagtäglich neu dazukamen. Das wiederum provozierte immer mehr, ihr vermeintliches Talent samt eigener Ergüsse und Erlebnisse ebenfalls online zu stellen. Die Nutzerzahlen explodierten, die Zahl der bereitgestellten Filme auch. In der Folgezeit lernten wir, dass sich Pfefferminzdragees und Diät-Cola nicht miteinander vertrugen. Wir sahen dabei zu, wie ein volltrunkener David Hasselhoff einen Burger vom Boden aufklaubte und verspeiste. Und wir betrachteten einen kleinen Jungen namens David, wie er dank des offenbar etwas zu großzügig dosierten Narkosemittels nach dem Zahnarztbesuch im

Auto wirres Zeug redete. All das verselbstständigte sich beinahe in einer Geschwindigkeit, die zuvor allenfalls von Eilmeldungen großer Nachrichtenagenturen bekannt war.

Die Zugriffszahlen beliebter Clips gingen schnell in den zweistelligen Millionenbereich. Völlig normale Leute wurden innerhalb weniger Tage oder Wochen bekannt, weil ihre Filme immer weiterverschickt wurden. Andy Warhols berühmter Ausspruch »In Zukunft kann jeder für 15 Minuten Berühmtheit erlangen« war nie zutreffender als jetzt. Manche wurden nach diesen 15 Minuten wieder vergessen, einige aber wurden tatsächlich auf diese krude Weise im Netz entdeckt und erhielten ein ernsthaftes Engagement. Hätte etwa seine Mutter nicht seinen nachmittäglichen Auftritt bei einem lokalen Talentwettbewerb mit der Kamera aufgenommen und später am Abend auf Youtube eingestellt, Justin Bieber hätte vermutlich nie eine solche Karriere gemacht. Zahllosen Vätern halbwüchsiger Töchter wäre dadurch einiges erspart geblieben. Und Hunderttausenden Friseuren von Tokio bis Taunusstein wäre ein veritables Geschäft durch die Lappen gegangen, weil sie nicht jedem zweiten Zwölf- bis Fünfzehnjährigen Biebers peinliche Pinsel-Matte auf die Rübe hätten fönen müssen. Youtube-Beispiele wie das von Bieber gibt es einige, Nachahmer noch viel mehr.

Der Gipfel des Hypes wurde – zumindest vorerst – von einem unansehnlichen, übergewichtigen Südkoreaner erreicht. Zwei Milliarden Mal wurde das Video zum Song »Gangnam Style« angeklickt. Das machte Park-Jae Sang alias Psy nicht nur schwerreich, sondern auch zu einem virtuellen Weltstar, der aktuell 400-mal mehr Menschen erreicht als Literaturnobelpreisträger Günter Grass es mit seinen gesamten Werken jemals tat. Ob derartige Ereignisse unsere Gesellschaft nun dümmer machen, lässt sich wahrscheinlich nicht belegen. Schlauer aber macht uns Youtube sicher auch nicht.

Denn neben der drastischen Verschiebung jeglicher Relevanzkriterien liegt eine große Gefahr vor allem in der Schnelllebigkeit, mit der solche Phänomene entstehen. Und zwar nicht nur für die gutgläubigen Träumer, die nach 50 000 Aufrufen an dem einen Tag noch an die große Karriere glauben und am anderen – wie besagte »Grup Tekkan« – schon wieder in der völligen Versenkung verschwunden sind und vermutlich auch nie mehr wiederkehren werden. Auch wir Konsumenten leiden offenbar unter dem steten Wechsel der Inhalte, die uns auf diese Weise vorgesetzt werden. So behauptet unter anderem der Buchautor und Wirtschaftsjournalist Nicholas Carr, der ständige Konsum von immer schneller wechselnden Web-Inhalten wie Youtube-Videos habe gar zu einem beinahe vollständigen Verlust unserer Aufmerksamkeitsspanne geführt. Die Folge: Jungen Menschen fällt es immer schwerer, sich auf einzelne Dinge zu konzentrieren.

Auch und gerade in der Arbeitswelt schlägt sich diese Entwicklung immer drastischer nieder: So schätzte der Deutsche Industrie- und Handelskammertag (DIHK) den Schaden für die Unternehmen durch Mitarbeiter, die sich tagtäglich auf Webseiten wie Youtube herumtreiben, anstatt stringent ihrem Beruf nachzugehen, schon vor einigen Jahren auf 53 Milliarden Euro! Und weil in den nächsten Jahren die derzeit vielleicht noch vorwiegend jungen Nutzer von Angeboten des Web 2.0 nach und nach auf den Arbeitsmarkt drängen werden, könnte das völlig neue Verhaltensmuster von Mitarbeitern nach sich ziehen. Produktiver jedenfalls dürften die meisten Angestellten der Zukunft, die mit Youtube, MyVideo und Co. aufgewachsen sind, eher nicht werden.

Auch wenn manches, was da an lustigen Links in unserem Postfach landet, auf den ersten Blick nach einem ganz und gar harmlosen Spaß aussieht: Wir sollten uns zumindest endlich ernsthafte Gedanken darüber machen, was Youtube mit seiner medialen Wucht heutzutage alles anrichten kann. Denn die Seite ist nicht nur dafür verantwortlich, dass korpulente Koreaner weltberühmt werden und sich unser einstiges Jugendidol Hasselhoff nirgendwo mehr sehen lassen kann. Es gibt nach seinem ureigenen Selbstverständnis auch denjenigen ein Forum, die besser keine Zuhörer gefunden hätten. Zwar haben die UNICEF, Ban Ki-Moon oder Barack Obama natürlich auch eigene Kanäle. Aber eben auch Panik verbreitende Verschwörungstheoretiker, fantasierende Wirrköpfe – und schlimmstenfalls sogar Kriegstreiber und Agitatoren aller Couleur!

Im Gaza-Konflikt etwa nutzt die Hamas Youtube seit Jahren ganz offen, um für ihre Ziele zu werben und kampfbereiten Nachwuchs zu rekrutieren. Dass sich die Gegenseite der gleichen Instrumente bedient, versteht sich da von selbst. Ein Hetzvideo gegen den Propheten Mohammed, das auszugsweise auf Youtube zu sehen war, machte erst im Jahr 2012 über Wochen weltweit Schlagzeilen und provozierte blutige Ausschreitungen in der arabischen Welt. Islamisten bedienen sich der komfortablen Verbreitungsform ebenso gern wie Neonazis. In Deutschland unterhalten radikale Salafisten und NPD jeweils gleich mehrere Kanäle, und von nahezu jeder rechtsextremen deutschen Band finden sich solche Musikstücke auf Youtube, die im Plattenladen längst nicht mehr verkauft werden dürfen! Bis die Betreiber ein Video sperren oder löschen, vergeht erfahrungsgemäß eine Menge Zeit – wenn das Portal überhaupt tätig wird. Mehr Sorgen als die Gewalt verherrlichenden Thesen etwaiger Verfassungsfeinde bereiten den Machern nämlich ganz offensichtlich die seit Jahren schwelenden urheberrechtlichen Schwierigkeiten mit der Musik- und Filmindustrie oder der GEMA. Hier wird so mancher Clip schneller aus dem Netz genommen, als er eingestellt wurde. Man muss eben Prioritäten setzen ...

Dass Youtube überdies auch außerhalb jedweder politischen Inhalte eine gefährliche Nachahmungswirkung haben kann, ist ebenfalls ein Effekt, auf den die Welt problemlos hätte verzichten können: Filme von Extremsportlern, Adrenalinjunkies oder einfach nur geistesgestörten Aufschneidern gibt es zu Tausenden; die anerkennenden Kommentare gleich darunter. Auf diese Weise lassen sich auch solche Hirnspender von der Netz-Gemeinde bejubeln, die auf einem Motorrad mit 180 Stundenkilometern durch geschlossene Ortschaften heizen, ungesichert auf Baukräne klettern oder auf einem Bein über Brückengeländer balancieren. Dass der eine oder andere pubertäre Armleuchter ein Stück vom Ruhm abhaben möchte und sich ähnlichen Gefahren aussetzt, liegt leider in der Natur des Menschen. So hat ein 20-Jähriger aus dem bayerischen Dingolfing gleich seinen ersten Youtube-Stunt mit dem Leben bezahlt – er ließ sich von Freunden auf einem Spielplatz-Karussell festbinden, das mittels eines Autos zum Drehen gebracht wurde. Während seine Kumpels die Handy-Kamera mitlaufen ließen, wurde der Jugendliche aus dem Spielgerät geschleudert und brach sich das Genick.

Doch es bedarf nicht einmal solch tragischer Auswüchse, damit ein paar Minuten selbst gedrehtes Material richtig Ärger nach sich ziehen können. Eine besonders bescheuerte Ausdrucksform der Youtube-Jünger ist der Flashmob. Hierbei rotten sich wildfremde Halbleitergestalten zusammen, um irgendeinen Unsinn anzustellen. Eine Kissenschlacht auf dem Marktplatz oder die massenhafte Burger-Bestellung in einer McDonald's-Filiale sind da noch die halbwegs amüsanten Varianten des kollektiven Quatsches. Immer öfter müssen sich Sicherheitskräfte und Behörden jedoch mit den Folgen eines ausgearteten Flashmobs beschäftigen. So wie in München, als vor einigen Monaten Hunderte junger Menschen plötzlich in die U-Bahn stürmten und sich dabei gegenseitig filmten. Das Resultat nach ein paar Minuten: wüste Ausschreitungen zwischen Teilnehmern, Bahn-Mitarbeitern und erschrockenen Fahrgästen, 120 hinzugezogene Polizisten und einige Tausend Euro Sachschaden; von den Kosten des Polizeieinsatzes ganz zu schweigen. Wer da noch lachen kann, wenn er das dann im Anschluss im Internet anschaut, der muss wirklich ein vollendeter Vollidiot sein!

Youtube und seine Ableger haben die mediale Welt innerhalb kürzester Zeit auf den Kopf gestellt. Noch ist gar nicht absehbar, inwieweit sich »klassische« Medien wie etwa das Fernsehen künftig verändern werden angesichts der enormen Wucht, die da binnen der vergangenen sechs, sieben Jahre im Internet entstanden ist. Angesichts der milliardenschweren Umsätze, die Youtube bereits heute erzielt, ist kaum zu vermuten, dass sich der Trend so schnell umkehren wird. Angesichts einiger tragischer Todesfälle, die sich bereits vor laufender Webcam abgespielt haben, können unsere

Nachkommen vielleicht irgendwann auch unsere Beerdigung auf Youtube einstellen. Mehr Menschen als auf einem echten Friedhof wären da mit Sicherheit dabei.

1000 virtuelle Freunde und trotzdem allein

Wie wir trotz sozialer Netzwerke immer weiter vereinsamen

Zwar haben wir Julia Wirzenbrink auf virtuelle Weise bis jetzt nicht von unserer Eigenschaft als der bessere Liebhaber überzeugen können. Das aber sollte sich zumindest kurzfristig dennoch verschmerzen lassen. Immerhin verfügen wir jetzt bereits nach kürzester Zeit über mehr »Freunde«, als wir je zu hoffen wagten. Genauer gesagt verfügen wir über mehr »Freunde«, als wir überhaupt Leute kannten. Was auch daran liegt, dass seit unserer Anmeldung nahezu alle paar Stunden Freundschaftsanfragen auf unserem Account eintreffen, die wie folgt lauten:

Freundschaftsanfrage　　Freunde finden

Tino M.

Tino M. möchte dein Freund werden.

Freundschaftsanfrage　　Freunde finden

Hans A. Bauernmüller

Hans A. Bauernmüller möchte dein Freund werden

> **Freundschaftsanfrage**   Freunde finden
>
> ### Caro Sunshine
> Caro Sunshine möchte dein Freund werden.

Komisch daran ist nur, dass wir diesen Tino M. noch nie in unserem Leben gesehen oder von ihm gehört haben; dass es sich bei Hans A. Bauernmüller um unseren früheren Mathelehrer handelt, ein Arschloch vor dem Herrn, das wir kurz vor dem Abi am liebsten mit heißem Pech oder wenigstens einem Eimer Säure überschüttet hätten – und dass Caro Sunshine in Wirklichkeit Ann-Caroline Winter heißt, die Exfreundin eines vollkommen verblödeten Arbeitskollegen ist und nicht nur dank ihrer geschätzten 120 Kilo Lebendgewicht so ziemlich das Letzte sein dürfte, was wir in unserer Freundesliste sehen wollen. Uns hingegen hat Facebook in ungewohnter Strenge dazu ermahnt, den richtigen Namen zu benutzen:

> **Achtung:**
>
> Facebook ist eine Gemeinschaft, in der Nutzer ihre wahren Identitäten verwenden. Alle Nutzer müssen ihre echten Namen angeben, damit immer klar ist, mit wem du dich verbindest. Das trägt zur Sicherheit unserer Gemeinschaft bei.

Weil wir den für uns zuständigen Administratoren nicht gleich von Anfang an Kummer bereiten wollten, haben wir diese Anweisung natürlich befolgt. Caro Sunshine muss den Administratoren aber ebenso durchgerutscht sein wie die offenbar professionell tätige Lady Lulu, deren Freundschaftsanfrage inklusive einiger aufschlussreicher Bikinibilder uns schon am zweiten Tag erreicht hat. Kein Wunder: Prostitution bei Facebook boomt, wie eine im Magazin *Wired* erschienene Untersuchung bestätigte. Fast 85 Prozent aller Damen des horizontalen Gewerbes besitzen demnach eine eigene Facebook-Seite und machen sich lieber im weitestgehend regensicheren Netzwerk auf die Suche nach Freiern als an der zugigen Straßenecke oder in verrauchten Bars. Doch Alias-Namen dienen natürlich nicht nur geschäftstüchtigen Nutten dazu, möglichst anonym und doch zielsicher auf die Jagd gehen zu können. Auch viele Feierabend-Aufreißer schicken sich mit falschen Bezeichnungen an, unbescholtene Mädchen anzugraben. Wir wollen gar nicht wissen, was auf Julia Wirzenbrink tagtäglich an ein- bis zweideutigen Anfragen einprasselt – unsere natürlich nicht eingeschlossen. Wer da Angst hat, unfreundlich und arrogant zu wirken oder sich einfach keinen unnötigen Lästereien aussetzen will, hat durch solche digitalen Zwangsbeziehungen binnen eines Tages bereits ein paar Dutzend »Freunde« zusammen – und nach ein paar Wochen vielleicht 100 oder auch 500, die einen mit regelmäßigen unterschwellig unmoralischen Angeboten versorgen, bis man sie endlich wieder aus der Freundesliste eliminiert.

Aber es gibt natürlich auch solche Netzwerk-Blender, die sich voll und ganz über eine möglichst hohe Anzahl an Facebook-»Freunden« definieren. Mutterseelenallein aber kann man trotz einer geschätzt inzwischen zwei Kilometer langen Timeline und Neuigkeiten im Minutentakt natürlich dennoch sein. Und das wird zum zunehmenden gesellschaftlichen Problem! Mag sein, dass es mittlerweile Studien gibt, die belegen, dass jene Menschen, die über ein intaktes soziales Umfeld verfügen, auch durch intensive virtuelle Aktivitäten nicht zum selbstmordgefährdeten Einzelgänger mutieren. Im Umkehrschluss bedeuten die Ergebnisse aber auch: Jene Zeitgenossen, die ohnehin schon latent zum Schwermut neigen, verlieren sich in aller Regel noch weiter in der vorgegaukelten Wirklichkeit. Von der Wirkung her verhält sich Facebook auf solche Menschen in etwa so, als wenn man einem manisch Depressiven, der gerade von seiner Frau verlassen wurde, den Director's Cut von *Love Story* in den DVD-Player schiebt.

Unstrittig ist inzwischen auf jeden Fall, dass eine überhöhte Aktivität in sozialen Netzwerken zu einer schrittweisen Entfremdung vom realen Leben führen kann! Und auch die Tatsache, dass manche Online-Communitys wie die VZ-Gruppe angesichts der Marktmacht unseres geliebten »Gefällt mir«-Imperiums inzwischen wieder den Server abgestellt haben, verringert das Problem nicht. Eher im Gegenteil: Zu der schon erwähnten Facebook-Milliarde kommen aktuell 500 Millionen Google-Plus-Nutzer hinzu. Weitere 175 Millionen haben sich bei LinkedIn angemeldet, zwölf Millionen Accounts verzeichnet Xing allein im deutschsprachigen Raum und noch einmal so viele Menschen sind bei kleineren Wettbewerbern wie Stayfriends, Lokalisten, Wer-kennt-wen oder Friendster registriert. Auch wenn die Seiten allesamt einen teilweise völlig unterschiedlichen Aufbau haben und andere Funktionen anbieten – das Grundprinzip bleibt immer gleich und lautet: Wie stelle ich möglichst einfach einen Kontakt zu möglichst vielen anderen her?

Diese Kontaktaufnahme war bis vor wenigen Jahren logischerweise mit einem nicht unerheblichem Aufwand verbunden, ohne dass wir das überhaupt bemerkten: Es war selbstverständlich, dass wir, wollten wir nicht zu Hause auf der Couch versauern, andere Leute ansprechen, uns verabreden oder wenigstens Briefe schreiben mussten. Kurz: Wir mussten aktiv etwas dafür tun, um irgendwie am Leben teilnehmen zu können. Das aber war nicht nur bisweilen anstrengend. Es war vor allem gesund! Der amerikanische Neurowissenschaftler John Cacioppo kommt in seinem Buch zu dem wenig überraschenden Schluss, dass der Mensch als Angehöriger einer sozialen Spezies Bindungen schlichtweg zum Überleben benötige. Andernfalls drohten schwere gesundheitliche Schäden wie Bluthochdruck oder Übergewicht – und in letzter Konsequenz ein früherer Tod.

Nun könnte man argumentieren, dass es auch schon vor Facebook, Xing und Co. Menschen gab, die mangels sozialer Kontakte erst dann von der Feuerwehr aus dem Fernsehsessel geschabt wurden, als der Geruch im Treppenhaus für die anderen Mieter unerträglich wurde.

Das ist sicher richtig. Das Blöde daran ist nur, dass uns die Online-Netzwerke eben vorgaukeln, wir wären gar nicht alleine. Gleichzeitig nehmen sie aber so viel Raum in Anspruch, dass es vielen Usern gar nicht mehr möglich ist, »normale« soziale Kontakte aufrechtzuerhalten. So ist die Zeit, die ein durchschnittlicher Facebook-Nutzer in seinem Account verbringt, auf inzwischen über drei Stunden am Tag gestiegen! Vor gerade einmal zwei Jahren war es noch eine ganze Stunde weniger. Zumindest diese drei Stunden fehlen natürlich irgendwo anders. Immerhin müssen die meisten ja auch noch arbeiten, einkaufen, den Haushalt machen, die Kinder versorgen oder den Müll rausbringen. Facebook rückt dadurch schon allein vom zeitlichen Aufwand her für viele an die Stelle der wichtigsten Freizeitbeschäftigung überhaupt. Aber stundenlang vor dem PC zu sitzen – kann das wirklich eine relevante Freizeitbeschäftigung sein? Psychologen betonen immer wieder, wie wichtig die unmittelbare Wahrnehmung von Stimme und Körperlichkeit von anderen für das persönliche Wohlbefinden ist. Die aber kann man regelrecht verlernen. Mit der fatalen Folge, dass bestimmte Arten der Kommunikation von manchen als beängstigend empfunden werden. Wer nur noch Facebook-Posts oder andere digitale Botschaften absendet, der traut sich also unter Umständen niemanden mehr anzurufen – sei es aus Angst vor einer negativen Reaktion oder einfach aus Scheu.

Doch wie um Himmels willen fing dieses ganze Unheil eigentlich an? Wie konnten innerhalb kürzester Zeit Millionen Menschen quasi zu kommunikativen Geiseln einiger weniger Internet-Plattformen werden? Das Verderben begann Mitte der Neunzigerjahre, als der Luftfahrtingenieur Randy Conrads sich wehmütig an seine unbeschwerte Studienzeit an der Oregon State University erinnerte. Nach dem Abschluss im Jahr 1972 hatte Conrads zwar eine beachtliche Karriere beim Flugzeugbauer Boeing gemacht – dabei aber den Kontakt zu den meisten seiner Kommilitonen von damals verloren. Das trieb ihn so sehr um, dass er seinen gut bezahlten Job kurzerhand hinschmiss – und eine Internetseite entwickelte, mit deren Hilfe er die Kumpels von einst wiederfinden wollte. Ihr Name: classmates.com.

Kaum war die Seite 1995 online, machte sie in den USA mächtig Furore. Conrads wurde in Talkshows eingeladen, große Zeitungen und Magazine berichteten über das originelle Konzept. Und natürlich meldeten sich dadurch auch ein paar der alten Uni-Freunde wieder. Aber nicht nur beim einstigen Campus-Liebling Randy schlugen längst vergessene Kameraden auf: Binnen weniger Jahre zählte classmates.com zu den wertvollsten Internetadressen der Vereinigten Staaten – und in Glanzzeiten 40 Millionen Mitglieder. Klar, dass da Nachahmer nicht lange auf sich warten ließen.

1997 startete der Dienst SixDegrees, der als das erste wirkliche soziale Netzwerk gilt. Der Begriff bedeutet vereinfacht gesprochen, dass jede Person im Grunde genommen nur sechs Schritte von jeder anderen Person auf der Welt entfernt ist – weil jeder jemanden kennt, der jemanden kennt, der jemanden kennt und so weiter. Ob diese Schätzung wirklich stimmt, konnte nie wissenschaftlich belegt werden. Aber die Werbewirkung dieses einfachen Gedankens war genial. Zwar wurde SixDegrees 2001 wegen technischer Probleme wieder vom Netz genommen. Die Idee jedoch ließ sich nicht mehr aufhalten: 2002 wurde LinkedIn gegründet, nicht einmal zwei Jahre später nahm sich, wie schon erwähnt, unser aller »Freund« Mark Zuckerberg erst »Facemash« und dann Facebook an, und kurz danach öffnete auch OpenBC, der Vorläufer von Xing, seine elektronischen Pforten.

In den Anfangsjahren all dieser Anbieter begannen die Leute zunächst wirklich, online vor allem ihre alten Bekannten abzuklappern, von denen sie schon lange nichts mehr gehört hatten. Die Idee, durch die neuartigen technischen Möglichkeiten verschollene Freunde von einst wiederzufinden, hatte Charme. Bestimmt ist dadurch auch so manche nette und unerwartete Begegnung zustande gekommen – vielleicht mit dem alten Banknachbarn, mit dem wir immer heimlich im Pausenhof geraucht haben und der nach dem Abschluss wegzog. Oder dem netten Geschichtsreferendar, der es nicht sanktionierte, dass wir uns die Eckdaten der Schlacht von Trafalgar auf den Unterarm geschrieben hatten. Und die befriedigende Feststellung, dass die einstige Schul-Schönheit, die uns auf der Klassenfahrt kühl verschmähte, heute zweimal geschieden ist und aussieht wie eine zerlaufene Käsesahnetorte, mag für manche von uns ein später Trost gewesen sein. Doch je intensiver die Menschen das neue Angebot nutzten, umso mehr verloren sie den Überblick.

Schnell wurde für manchen leidenschaftlichen Netzwerker die Account-Pflege wichtiger als die Bewahrung des echten Bekanntenkreises. Wer erst einmal intensiv angefangen hatte, Facebook-Kontakte zu akquirieren und neue »Freunde« zu adden, der konnte nicht einfach mittendrin damit aufhören. Der Gedanke, irgendwen vergessen zu haben, der für die eigene Freundesliste noch infrage kommen könnte, treibt viele Facebook-Anwender wirklich um – obwohl sie der Mensch als solcher im Grunde genommen einen feuchten Kehricht interessiert. Zwar rät das Unternehmen, Freundschaftsanfragen vorwiegend an diejenigen zu verschicken

> **Achtung:**
>
> ... mit denen du im echten Leben eine Verbindung hast, zum Beispiel Freunde, Familienmitglieder, Arbeitskollegen oder Kommilitonen ...

wogegen wir eher unbekannten Personen oder Prominenten lediglich lieber folgen sollten, ohne mit ihnen »befreundet« zu sein. Dass dieser Tipp jedoch an Scheinheiligkeit kaum zu überbieten ist, kann man schon allein daran sehen, dass der Konzern im Jahr 2009 die zulässige Anzahl an »Freunden« von 1000 auf 5000 erhöht hat – eine selbst für kontaktfreudige Menschen völlig lebensfremde Zahl!

Rund 200 »Freunde« indes hat ein durchschnittliches Facebook-Mitglied. Da darunter ohnehin meistens auch die wenigen tatsächlichen Bekannten sind, fällt es zunächst möglicherweise auch gar nicht auf, wenn man diese nicht mehr so oft trifft wie früher. Dabei ist schon die ganze Begrifflichkeit eine dreiste Irreführung! Schließlich wäre eine derartig hohe Anzahl an ganz und gar ernsthaften

»Freunden« wohl nicht einmal für krankhaft gesellige Frohnaturen wie Reiner Calmund oder Horst Lichter realistisch. Deshalb sollte man schon mit dem bloßen Wort »Freund« wirklich vorsichtig sein: Gerade einmal vier bis fünf echte, enge Vertraute haben wir im wirklichen Leben, ergaben mehrere soziologische Langzeitbeobachtungen, die das soziale Umfeld Tausender Menschen über Jahrzehnte hinweg unter die Lupe nahmen. Und offenbar nimmt selbst diese bescheidene Zahl weiter ab: Laut aktueller Statistiken haben wir Europäer noch gerade mal zu zwei anderen Personen über die eigene Familie hinaus intensiven persönlichen Kontakt.

Dagegen ist innerhalb der letzten Jahre innerhalb der sozialen Netzwerke geradewegs ein Wettbewerb darüber entbrannt, wer die meisten Leute in seinem Profil vorweisen kann. Alleine die stumpfsinnige Frage »Wie bekomme ich mehr Facebook-Freunde?« ergibt bei Google unglaubliche zwölf Millionen Treffer! Darunter sind Tausende Empfehlungen, wie es möglich ist, sein Profil möglichst schnell aufzupimpen. Die Ratschläge reichen von »Verfasse möglichst viele Einträge und stelle interessante Bilder und Videos online (bringt schnell Anerkennung)« über »Such Dir vor allem Freunde aus, die selber über 1000 Freunde haben« bis zu »Kauf Dir einfach welche«, was auch für Privatpersonen zum Beispiel bei eBay schon für kleines Geld tatsächlich möglich ist. Dabei standen schon in unserer realen Welt von früher jene soziopathischen Klemmbretter, die sich unsere Freundschaft durch eine Flasche Wodka und ein paar Dosen Red Bull erkaufen wollten, am Ende des Tages doch wieder allein in der Disco herum.

Nichtsdestotrotz verdienen manche heute allen Ernstes auf diese Weise ihr Geld: Erst waren es nur amerikanische Gaga-Webseiten wie GirlfriendHire.com, die einsamen Buckelprinzen für umgerechnet 3,90 Euro im Monat eine falsche Freundin anboten, der man das allerdings auch auf den ersten Klick ansah. Heute sind die findigen Digitalzuhälter schon einen Schritt weiter: Auf Portalen wie fiverr.com kann man für fünf Euro pro Woche seinen Facebook-Account um eine wohlproportionierte Dame erweitern, die dann – je nach

Höhe der Bezahlung – Fotos und Liebesschwüre für alle anderen »Freunde« einsehbar postet. Bleibt das Geld aus, wird die Beziehung allerdings umgehend beendet. Das allerdings soll einigen Männern im echten Leben auch schon passiert sein.

Über diese immer weiter verbreitete, bizarre Ausprägung von Freundschaft hinaus können wir natürlich nicht nur selber die Benutzerkonten unserer Kontakte nach neuen »Freunden« durchstöbern oder Einladungen von Gott und der Welt annehmen. Eine der technisch versiertesten und zugleich geheimnisvollsten Funktionen von Facebook etwa ist es, den Nutzern selbstständig Vorschläge zu unterbreiten, wer eventuell als neuer »Freund« infrage kommen könnte. Auch das funktioniert natürlich nur anhand der irrwitzigen Datenmengen, die von uns Usern während unserer fortwährenden Aktivitäten aufgezeichnet, analysiert und schließlich still und heimlich abgespeichert werden. So können aufwendige Rechenprogramme tatsächlich Gemeinsamkeiten zwischen Personen aufspüren, von denen diese noch nicht einmal selber wissen! Selbst ohne einen einzigen eigenen »Freund« ist es Facebook dank unserer Anmeldedaten wie Geburtsdatum, Wohnort und Mail-Adresse bereits möglich, individuelle Empfehlungen abzugeben. Der Konzern spielt diesen Vorgang jedoch herunter – und gibt in seinen Nutzungsbedingungen lediglich an, unsere Daten zu verwenden, um ein »sicheres, effizientes und individuelles Nutzungserlebnis« zu bieten. Welches Nutzungserlebnis das genau sein soll, verraten die Macher selbstverständlich nicht. Das digitale Schneeballprinzip jedenfalls funktioniert. Der Weg zu Hunderten sogenannter »Freunde« ist frei.

Ein schönes Beispiel, was einem die dann im Ernstfall bringen, ist das Schicksal der amerikanischen Schauspielerin Yvette Vickers. Das ehemalige Playmate machte in den Fünfzigerjahren in Streifen wie »Mit dem Satan auf Du« oder »Angriff der 20-Meter-Frau« Karriere. Als sich die dann langsam dem Ende zuneigte, versuchte sich Miss Vickers nicht mehr ganz so erfolgreich als Sängerin. Irgendwann wurde die einst bildhübsche Blondine alt und gebrechlich und zog sich aus der Öffentlichkeit in ihr Haus in Benedict Canyon westlich von Los Angeles zurück. Weil die alten B-Produktionen aber in den Neunzigerjahren irgendwie Kultstatus erlangten und plötzlich wieder von einer stattlichen cineastischen Fan-Gemeinde verehrt wurden, bekam Yvette Vickers wieder Oberwasser. Sie legte sich einen Facebook-Account zu, über den sie mit ihren Anhängern trotz der selbst gewählten Abgeschiedenheit regen Kontakt hielt. Allerdings war der virtuelle leider auch der einzige Draht zur Außenwelt: Am 27. April 2011 wurde ihre mumifizierte Leiche von einer Nachbarin entdeckt! Ein genauer Todeszeitpunkt ließ sich von den Gerichtsmedizinern da längst nicht mehr feststellen. Vermutlich war die ergraute Diva bereits seit einem Jahr tot. Auf dem Tisch stand ihr eingeschalteter Computer. Hunderte ihrer »Freunde« hatten in der Zwischenzeit Posts auf Yvettes Facebook-Seite hinterlassen und sich zwischendurch auch untereinander gefragt, warum sie denn von ihr keine Antwort mehr bekommen. Aber wirklich gekümmert, was mit der alten Dame passiert sein könnte, hat sich keiner. Die Seite funktionierte ja noch.

In den USA wurde Vickers' tragischer Tod zum Symbol der Vereinsamung wegen – oder zumindest trotz – sozialer Netzwerke. Geändert hat sich seitdem allerdings nix. Im Gegenteil: Eine Studie zu diesem Thema ergab, dass sich 35 Prozent aller Menschen ab 45 Jahren heutzutage chronisch einsam fühlen, während es zehn Jahre zuvor lediglich 20 Prozent waren. »Wir ersetzen die Qualität der Freundschaft durch Quantität«, schlägt auch der Kulturkritiker William Deresiewicz in seinem Text »The faux Friendship« Alarm. »Facebook besteht nur aus schnellen, kleinen Botschaften zu meist trivialen Dingen. Für mehr gibt es keinen Platz.« Weil dieser Informationsaustausch auf lange Sicht eben sehr unbefriedigend sei, bekämen die Nutzer Gefühle der Einsamkeit und Abgeschiedenheit – trotz mehrerer Hundertschaften an sogenannten Freunden.

Dazu kommt erschwerend, dass einer Untersuchung des berühmten englischen Psychologen Robin Dunbar zufolge das menschliche Gehirn sowieso nur in der Lage ist, zu 148 anderen Personen eine soziale Beziehung zu unterhalten – diese exakte Summe ist die sogenannte Dunbar-Zahl. Sie ergibt sich aufgrund rein biologischer Berechnungen und Vergleichstests – und beschreibt, wie viele Namen oder typische individuelle Eigenschaften von anderen wir uns merken können. Für mehr reicht der bescheidene Anteil des Neokortex an unserer Großhirnrinde schlicht nicht aus. Was also bringen uns beispielsweise 600 Facebook-»Freunde«, wenn wissenschaftlich bewiesen ist, dass wir nur in der Lage sind, jeden Vierten davon überhaupt zu identifizieren?

Ungeachtet dessen nimmt der »Freundes«-Neid innerhalb der Nutzer-Gemeinde immer gefährlichere Ausmaße an: Über 30 Prozent der Facebook-User fühlen sich einer Studie der TU Darmstadt zufolge während und nach der Benutzung der Seite trotz einiger Stunden des Informationsaustausches mit anderen hauptsächlich einsam, müde, traurig oder frustriert. Die am häufigsten genannte Ursache dafür: Die Befragten lasen einfach zu viele positive Nachrichten bei ihren »Freunden«! Klar – wer ständig nur Postings betrachten muss, wie toll das Leben doch ist, wird logischerweise leicht trübsinnig, wenn's bei einem selbst gerade nicht so rund läuft. Nur: Bei besagten 200 Netzwerk-Kontakten im Schnitt ist halt immer gerade einer im Urlaub, hat eine Traumhochzeit hinter sich oder ist vor Kurzem befördert worden – zumal mehr als ein Viertel der gesamten Facebook-Aktivität in der ausschließlichen Betrachtung anderer Profile liegt.

Dazu kommt, dass wir unsere Selbstdarstellung sowieso vorwiegend mittels gehörig aufgebauschter und krampfhaft positiver Nachrichten vornehmen – und angesichts der Menge belangloser Neuigkeiten anderer, die auf uns selbst im Gegenzug tagtäglich einprasseln, schon aus organisatorischen Gründen nur noch eine oberflächliche Betrachtung möglich ist. Eine Spieleanfrage nach der anderen, die gesamten leeren Flaschen vom gestrigen Partyabend, die scharfe Tänzerin im neuen Video von David Guetta, die lustige Fotomontage von Guido Westerwelle am FKK-Strand, ein Bild der neuen Ugg-Winterstiefel – es wird dermaßen viel Nebensächliches gepostet, dass es kaum noch möglich ist, ernsthaft auf einzelne Themen seiner vielen »Freunde« einzugehen. Selbst wenn die dann ausnahmsweise interessant sein sollten!

Noch kritischer freilich wird es für jene, die gar nicht erst genügend Kontakte zusammenbekommen! Fatalerweise ist nämlich der entsprechende Gruppendruck innerhalb der Communitys enorm: Wenn auf dem eigenen Profil nur läppische 30 »Freunde« verzeichnet sind, erzeugt dies angesichts der 450 Personen beim lässigen WG-Mitbewohner oder der eloquenten Arbeitskollegin nicht nur bei labilen Nutzern Minderwertigkeitskomplexe. Als eiserne Facebook-Faustregel unter eingefleischten Anwendern gilt: Wer keine 100 Freunde hat, ist mit an Sicherheit grenzender Wahrscheinlichkeit ein echter Vollpfosten, mit dem eigentlich niemand etwas zu tun haben möchte! Doch woher sollen wir so viele Leute nehmen, wenn wir schon praktisch alle geaddet haben, die wir irgendwann mal in der Warteschlange vor dem Tanzklub trafen? Zur Not werden dann eben auch Anfragen jener seltsamen Vögel akzeptiert, die man eigentlich nicht unbedingt an seinem Leben teilhaben lassen möchte. Klar, dass das oft verheerende Folgen haben kann, mit denen wir uns noch beschäftigen werden.

Anstatt aber angesichts all dessen die virtuelle Notbremse zu ziehen und wieder mehr am realen Leben teilzunehmen, scheuen wir uns immer mehr, zu schreiben, zu telefonieren oder unter Leute zu gehen. Wir tippen stattdessen noch mehr SMS oder kommunizieren noch intensiver innerhalb unserer Online-Community. Subjektiv haben wir so das Gefühl, dazuzugehören und bei den anderen dabei zu sein. Objektiv aber sind wir in den vergangenen zehn Jahren zu pathologischen Stubenhockern geworden, deren einziger Lichtblick es ist, alle paar Tage eine neue Freundschaftsanfrage zu bekommen. Und wenn uns jemand nicht mehr passt, ist es ein Leichtes, ihn per Knopfdruck zu löschen. Auch wenn wir uns das für das echte Leben bisweilen ebenfalls wünschen würden – noch sind wir hier gezwungen, uns auch mit unangenehmen Begegnungen auseinanderzusetzen. Eine Tatsache, die durchaus charakterbildend sein kann.

Irgendwann in vielleicht 60, 70 Jahren jedoch wird die letzte Generation gestorben sein, die auf analoge Art ihre sozialen Kontakte pflegen musste – oder noch weitgehend wollte, weil sie es so gewohnt war. Menschen, die vor und auch nach der Erfindung des Internets und der sozialen Netzwerke zu ihren Stammtischen gegangen sind oder auf Klassentreffen. Die sich verabredet haben zu Kaffeekränzchen und Mitglied waren in Sportvereinen. Dann werden nur noch Menschen unsere Gesellschaft bilden, die mit Facebook, Google Plus oder Xing groß geworden sind – und die das schöne Wort »Freund« allein über die Größe der Kontaktliste ihres Accounts definieren. Die nicht mehr umarmt werden, sondern nur noch geliked. Es wird interessant sein, von oben zu beobachten, wie das funktionieren soll!

World of Warcraft, Call of Duty & GTA

Wie der Psychopathennachwuchs zu Hause Amokläufe übt

Was war das ein Spaß, den man mit einer einzigen Deutschen Mark haben konnte! Man musste nur Ende der Siebzigerjahre zufällig in einer Gaststätte einkehren, die einen dieser neuartigen Arcade-Apparate besaß, und wenigstens so groß sein, um an den Joystick zu gelangen. Dann war der Nachmittag für uns gerettet – und für unsere Eltern weitestgehend gelaufen. Das sensationelle Spiel, das zu dieser Zeit praktisch die halbe Welt eroberte, hieß »Pong« und bestand aus einem schwarzen Bildschirm, der durch eine gestrichelte Linie in der Mitte geteilt war. Auf der linken und der rechten Seite befand sich je ein etwa drei Zentimeter langer Balken, den man nach oben und unten bewegen konnte und der in der Fachsprache »Schläger« genannt wurde. Damit musste der Spieler einen winzigen Pixel, der einen Ball darstellen sollte, abwehren und so auf die Seite des Gegners befördern. So weit, so simpel.

Der Entwickler von »Pong«, ein etwas verrückter Visionär namens Allan Alcorn, erzählte später einmal, das Aufwendigste an der Programmierung dieses allerersten populären Videospiels überhaupt sei die Darstellung des Spielstandes am oberen Ende des Bildschirmes gewesen. Um solche technischen Herausforderungen meistern zu können, war es kein Wunder, dass Mister Alcorn dafür ein Gerät bauen musste, das in etwa die Ausmaße einer Kühl-/Gefrierkombination eines Vierpersonenhaushalts hatte und dessen optische Grundlage ein leibhaftiger Röhrenfernseher war. »Pong« war insofern ein Meilenstein, weil seine durchweg ähnlich aufgebauten

Vorläufer keineswegs zum Zeitvertreib gedacht waren, sondern als ernst zu nehmende wissenschaftliche Informatik-Experimente an amerikanischen Technik-Universitäten. Fortan jedoch sollten Videospiele das Freizeitverhalten vorwiegend junger Menschen entscheidend prägen. Und nicht unbedingt zum Guten!

Kaum standen Alcorns Maschinen auch bei uns flächendeckend herum und wurden um herrlich harmlose Spiele wie »Pac Man«, »Donkey Kong« oder »Scramble« erweitert, kündigte sich die nächste bahnbrechende Entwicklung an: die Konsole für zu Hause. Auf der konnte man ebenfalls Pong spielen, aber auch Super-Pong oder gar Quadrapong und natürlich bald einiges mehr. Dass es innerhalb weniger Jahre möglich war, dieselbe oder eine gar noch ausgefeiltere Technik von einem mannshohen Konstrukt in ein gerade mal schuhschachtelgroßes Gerät zu übertragen, war aus damaliger Sicht kaum nachvollziehbar. Es wirkt heute wie das Präkambrium der Unterhaltungselektronik und derart putzig, dass man kaum glauben kann, zu dieser Zeit bereits gelebt zu haben. Es ist ein wenig, als hätte Daniel Libeskind in seiner Ausbildung noch an der Konstruktion von Lehmhütten mitgeholfen. Weder Allan Alcorn, der später für Atari arbeitete, noch wir konnten ahnen, wo das einmal hinführen würde.

Dabei sah es einen kurzen Moment so aus, als sei das Genre der Videospiele nur eine kurze Episode des Digitalzeitalters. Man schrieb das Jahr 1983, als sich Seltsames ereignete: Noch kurz zuvor hatte die durch stete Weiterentwicklung in Sachen Speicher und Grafik ziemlich euphorisierte Branche einen neuen Umsatzrekord aufgestellt und mit ihren Produkten wie dem Atari 2600, dem Coleco Gemini oder dem sperrigen Vectrex-System sowie den dazugehörigen Spielen drei Milliarden Dollar erlöst. Doch beinahe von einem Tag auf den anderen ging so gut wie gar nichts mehr! Die Einnahmen sanken innerhalb eines einzigen Jahres um unglaubliche 97 Prozent auf gerade noch 100 Millionen US-Dollar. Dutzende Unternehmen gingen im Sog dieses berüchtigten »Video-Game-Crash« pleite. Die betroffenen Firmen hatten schlichtweg übersehen, dass mittlerweile immer mehr bezahlbare Heimcomputer auf den Markt drängten. Die waren zwar nicht unbedingt zum Daddeln gedacht. Aber die Spiele, die es dafür gab, waren deutlich günstiger. Vor allem aber ließen sie sich im Gegensatz zu den für die Konsolen notwendigen Steckmodulen problemlos raubkopieren.

Womöglich wäre also die gesamte weitere Entwicklung auf dem Spielemarkt anders verlaufen, hätte nicht der seinerzeitige Hardware-Gigant Commodore blitzartig auf den Niedergang der Konsolenproduzenten reagiert und seine Marketingstrategie radikal geändert. Anstatt nämlich – wie eigentlich angedacht – den gerade zur Serienreife gebrachten C64 als praktische Lern- und Rechenhilfe für den Nobelpreisträger von morgen zu bewerben, stellte man nun die Vorzüge des Pioniers aller »Personal Computer« als Spielgerät heraus und verkaufte ihn auch in Spielzeugläden und entsprechenden Kaufhaus-Abteilungen. Binnen weniger Jahre löste dank der Vorarbeit des Commodore 64 der PC die Konsole als Spaßmaschine ab. Das schlug sich schnell auch in der Art der Spiele nieder. War die meiste Arcade- und Konsolen-Software natürlich auch wegen der überschaubaren technischen Möglichkeiten bis dato verhältnismäßig unverfänglich, konnte man sich nun schon andere Kaliber ins Diskettenlaufwerk schieben. Schon 1984 kam mit »The Eidolon« der erste Ego Shooter auf den Markt. Noch waren es grobpixelige Monster, die man eliminieren musste, um ein paar Edelsteine einsammeln zu können. Aber durch den unerwarteten Verkaufserfolg von »Eidolon« war die Marschrichtung für die Industrie klar: Um künftig ordentlich Kohle scheffeln zu können, würde es wahrscheinlich nicht mehr genügen, nur einen Gorilla auf Leitern klettern oder einen gelben Puck durch ein Labyrinth fressen zu lassen. Es musste schon mindestens knallen und noch besser: Blut fließen!

Die PC-Branche boomte weiter – und mit der Einführung des Nintendo Entertainment Systems anno 1986 feierte auch die Spielekonsole ein furioses Comeback nach dem Crash. Bald überboten sich die Hersteller mit immer ausgeklügelteren Neuheiten. Mit der vierten Konsolen-Generation, zu der zum Beispiel unser geliebtes Sega

Mega Drive oder das Super Nintendo gehörten, waren nur einige Jahre später erstmals Spiele in einer Art 3-D-Grafik möglich. Das Mega Drive nutzte zudem sogleich die gerade als Speichermedium der Zukunft gefeierte CD-ROM – eine bahnbrechende Neuerung in Bezug auf die grafischen Möglichkeiten der Software. Sonys erste Playstation, die in Europa am 29. September 1995 auf den Markt kam, sorgte schließlich für eine Spiele-Schwemme bis dato ungeahnten Ausmaßes: Insgesamt kamen bis heute über 4000 Titel allein für die Playstation auf den Markt!

Bösartige Bestseller wie »Resident Evil« oder »Silent Hill« begründeten ein eigenes, neues Genre und zeigten drastische Bilder, wie sie nur aus Horrorfilmen bekannt waren. In »Mortal Kombat« konnte man derweil seinen Gegner derart anschaulich zu Tode prügeln, dass es als eines der ersten Konsolenspiele überhaupt von der Bundesprüfstelle für jugendgefährdende Schriften auf den Index gesetzt wurde – wo es sich noch bis zum Jahr 2005 befand! Etwas Vergleichbares hatten die zuständigen Beamten, die bis dahin allenfalls ihren behördlichen Segen für »Super Mario Bros.« oder »Tetris« geben mussten, noch nicht gesehen. In den USA bildeten sich gar Bürgerinitiativen gegen diese neuartige, exzessive Art der Gewaltdarstellung. Klar, dass der Aufstand der Ahnungslosen solchen Spielen rund um den Globus bei der Zielgruppe nur zu noch mehr Popularität verhalf. Und der Bundesprüfstelle zu sehr viel Arbeit: Bis heute wurden knapp 600 Videospiele indiziert.

Was die wiederum in den Köpfen der Spieler anrichten, darüber diskutieren Hirnforscher seit etwa 15 Jahren genauso mit derselben Leidenschaft, mit der Baller-Freunde ihr Teslagewehr oder die Lightning Hawk für den ultimativen Endkampf einsetzen. Objektiv lässt sich sagen, dass ein junger Mensch, der ein intaktes Elternhaus hat, einen großen Freundeskreis und unterschiedlich ausgeprägte Freizeitinteressen, durch zwei Stunden »Counter Strike« am Tag vermutlich nicht plötzlich zum durchgeknallten Massenmörder wird. Andererseits gibt es bei nahezu allen Amoktätern seit dem Massaker an der Columbine Highschool in Littleton im Jahr 1999 mit 15 Opfern zumindest signifikante Querverbindungen auch zu entsprechenden Computerspielen. Der Amokschütze von Winnenden etwa verbrachte den Abend vor seiner Tat, bei der ebenfalls 15 Menschen starben, damit, den umstrittenen Ego Shooter »Far Cry 2« zu spielen – wie die meisten Abende in den Jahren zuvor auch. Die entscheidende Frage also scheint in diesem Zusammenhang demnach eher zu sein, was eine solche »Tötungstrainingssoftware«, wie der ehemalige Bayerische Innenminister Günther Beckstein Killerspiele nannte, bei jenen einsamen und frustrierten Zeitgenossen anrichtet, die eben kein stabiles persönliches Umfeld und kein gefestigtes Selbstvertrauen besitzen. Davon nämlich gibt es leider auch genug in unserer Mitte.

Die Aussichten sind mindestens so düster wie die Szenerie der erfolgreichen Nuklearkrieg-Simulationsreihe »Fallout«: Der anerkannte deutsche Psychiater und erfolgreiche Buchautor Manfred Spitzer nimmt an, dass es bis zum Jahr 2020 jedes Jahr einige Hundert zusätzliche Morde, einige Tausend zusätzliche Vergewaltigungen und einige Zehntausend zusätzliche Gewaltdelikte gegen Personen geben wird, weil manche Menschen die Blutorgien am Computerbildschirm einfach nicht ausreichend verarbeiten können. Der frühere niedersächsische Justizminister und heutige Kriminologe Christian Pfeiffer wiederum befragte für eine umfassende Studie zu diesem Thema immerhin 23 000 Kinder und Jugendliche – und zog daraus die Erkenntnis, dass auf jeden Fall ein unmittelbarer Zusammenhang zwischen brutalen Videospielen und schlechten Schulleistungen besteht. Ingrid Möller vom Institut für Psychologie in Potsdam konstatierte nach dem Amoklauf von Emsdetten 2006, dass sich Jugendliche mit einer ohnehin aggressiven Grundneigung eben konsequenterweise auch aggressive Spiele auf den PC laden, was deren Einstellung natürlich nicht gerade ins Gegenteil verkehre.

Eine der ersten belastbaren Langzeituntersuchungen in diesem Kontext wurde auf einem Radiologenkongress in den USA veröffentlicht. Darin ließen sich konkrete Nachweise darüber anstellen, welche Hirnregionen vom Dauer-Geballer beeinträchtigt werden könnten. Und siehe da: Die Probanden, die während des Tests eine gesamte Woche lang jeden Tag im Dienste der Wissenschaft zwei Stunden virtuelle Feinde massakrieren mussten, wiesen im Anschluss erheblich verringerte Reaktionen in exakt jenen Hirnregionen auf, die wichtig für die Kontrolle aggressiven Verhaltens sind. Nach einer weiteren Woche ohne Computerspiele hatte sich die Birne dieser Leute dann wieder weitgehend normalisiert. Bei der anderen Gruppe, die während derselben Zeit lediglich ein Autorennspiel absolvieren musste, gab es dagegen keinerlei Aktivitätsänderungen im Gehirn.

Ein ähnliches Ergebnis ergab auch ein aufsehenerregender Versuch der Uni Bonn. Hier durften 21 Studenten exakt 15 Stunden pro Woche ihr Geschick im digitalen Morden versuchen. Danach bekamen sie und 19 weitere tapfere Personen, die keinerlei Erfahrung mit Computerspielen hatten, per Videobrille grausige Bilder von Unfall- und Katastrophenopfern zu sehen. Die Reaktion auf die Fotos war bei beiden Gruppen höchst unterschiedlich. Zwar zeigten alle Betrachter eine messbare emotionale Resonanz. Allerdings wurde bei den Computerspielern im Gegensatz zu den Nicht-Spielern der linke mediale Frontallappen des Gehirns so gut wie gar nicht aktiviert. Der aber ist in unserem Oberstübchen zuständig für eine gleichmäßige Regulation von Angst oder Aggression. Aufgrund dessen schlussfolgerten die Bonner Forscher, dass Nutzer von Killerspielen auch außerhalb der Spiele schlicht und ergreifend abstumpfen, was die Toleranz von Gewalt betrifft.

Interessanterweise wurden solche Abhandlungen schon in den Sechzigerjahren angestellt – nur seinerzeit eben über den Einfluss des Fernsehens auf unser Verhalten. Das im Grunde recht einhellige Ergebnis der Wissenschaftler damals bestätigte einen unmittelbaren Zusammenhang zwischen der Menge der konsumierten TV-Gewalt und den Ausprägungen aggressiven Verhaltens. Wenn aber schon die aus heutiger Sicht eher rührenden Schwarz-Weiß-Schießereien von vor 50 Jahren nachweisbare negative Folgen auf die Psyche hatten, braucht man sich sicherlich nicht zu wundern, dass es dem einen oder anderen labilen Teenager nicht bekommt, wenn er interaktiv stundenlang mit der Panzerfaust auf Köpfe feuert. Zumal fast jeder dritte 15-Jährige inzwischen knapp drei Stunden täglich mit nichts anderem zubringt – und jeder zweite Zehnjährige Zugang zu Spielen hat, die erst ab 18 Jahren freigegeben sind. Tolle Aussichten!

Dank der unendlichen Weiten des Internets und nicht zuletzt des bemerkenswerten Einfallsreichtums vieler minderjähriger Spieler können die braven Jugendschützer indizieren, was und wie viel sie wollen: Jeder noch so blutrünstige Müll, der in den Softwareschmieden dieses Planeten programmiert wird, wird irgendwie und irgendwann den Weg auf den PC im Kinderzimmer finden, wenn der Anwender es nur darauf anlegt. Das ist so sicher wie der kommerzielle Erfolg eines jeden neuen Teils von GTA.

Doch der wie auch immer geartete Inhalt der Spiele ist nur ein Aspekt, der uns in Bezug auf das Sozialverhalten künftiger Generationen Sorgen bereiten sollte. Das Suchtpotenzial vor allem von Online-Games hat in den vergangenen Jahren ebenfalls beängstigende Ausmaße erreicht: Allein für »World of Warcraft«, die Mutter aller Internet-Spiele, beobachteten amerikanische Experten schon vor sieben Jahren bei bis zu 40 Prozent aller Spieler ein suchtartiges Verhalten. Das äußerte sich nicht nur in den durchschnittlich vier Stunden Nutzung, die jeder »WoW«-Player an den Tag beziehungsweise die Nacht legte (und noch heute legt). Auch die andere Zeit, etwa in der Schule, verbrachten die Spieler mit regelmäßigen intensiven Gedanken an das letzte oder das nächste Game. Laut übereinstimmenden Schätzungen von Gesundheitsbehörden und Krankenkassen sind bundesweit mindestens zwei Millionen Menschen von Online-Spielen abhängig oder zumindest hochgradig gefährdet! Ein vollkommen einheitliches Muster der Betroffenen gibt es nicht. Es sind ebenso Männer wie Frauen darunter, zwar vorwiegend junge Menschen, aber auch zahlreiche ältere Spieler. So ist der Fall eines Ende-60-Jährigen bekannt, der sich wegen seiner Online-Spielsucht therapieren ließ. Eines aber eint die Abhängigen doch: die Suche nach einer Welt, in der sie mehr Anerkennung erfahren als im wirklichen Leben.

Und genau darauf zielen die allermeisten Online-Spiele ab. Denn »World of Warcraft«, »Everquest« oder »Second Life« funktionieren mit Avataren, also eigenständigen Charakteren, die der Spieler in der jeweiligen künstlichen Parallelwelt verkörpert und die sich darin fortlaufend weiterentwickeln. Das Grundprinzip praktisch jedes dieser Spiele ist darauf ausgelegt, seinen Status stetig zu verbessern, innerhalb der Hierarchie aufzusteigen und entsprechende Prämien zu erlangen. Bei dieser Art der Konditionierung klingeln selbst bei Küchenpsychologen schon sämtliche Alarmglocken. Denn durch jeden weiteren Erfolg des virtuellen Ich erhält der Spieler jene Befriedigung, die dem ganz realen Menschen in der Schule, im Privatleben oder im Job leider verwehrt bleibt. Nur beim Spielen wird also das Belohnungssystem im Gehirn aktiviert und werden Botenstoffe wie Dopamin ausgeschüttet. Doch jedes Mal, wenn der Spiegel der körpereigenen Rauschmittel wieder sinkt, fühlt sich der Betroffene unzufrieden wie ehedem. Also schaltet er wieder den PC an, weil sein Hirn inzwischen gelernt hat, dass der wenig erbauliche Zustand dann vergeht. Das ist zwar ganz schön doof von unserem Verstand, läuft aber ganz automatisch zwischen bestimmten Hirnregionen und betroffenen Nervenzellen ab. Wie bei einem Alkoholiker eben auch.

Wohin so etwas führen kann, zeigt das Schicksal von Tyler Rigby, das im Sommer 2012 weltweit Schlagzeilen nach sich zog. Der 15-Jährige aus dem US-Bundesstaat Ohio war ein durchschnittlicher Jugendlicher, der sich ab und zu mit Freunden traf und mit diesen herumhing, sonst jedoch nicht weiter auffiel – bis er »Call of Duty« für sich entdeckte. Ab diesem Zeitpunkt wichen die für Tyler eher frustrierenden Teenie-Feiern, auf denen immer nur die Schulkameraden die Mädchen abbekamen, plötzlich tagelangen LAN-Partys mit anderen Zockern. In »Call of Duty« lief der schüchterne Junge schnell zur Höchstform auf. Während seine Mutter tagsüber ahnungslos zur Arbeit ging und ihren Sohn in der Highschool wähnte, verteidigte der mit seinem virtuellen Alter Ego sein Vaterland im dritten Weltkrieg gegen Russland. In den Nächten blieb er pflichtbewusst wach und tat weiter seinen Dienst als Agent des FSA. Nach ununterbrochenen 120 Spiele-Stunden schließlich, als seine Mutter ihn zu einem Besuch bei Verwandten aus dem Zimmer holen wollte, kollabierte der Junge vollständig. Er hatte viereinhalb Tage nichts gegessen und getrunken, war blau angelaufen und dehydriert. Er überlebte nur knapp.

Ähnlich erging es auch dem deutschen Studenten Fabian H., der – obwohl hochbegabter Informatiker – fast an seiner Passion für »World of Warcraft« zugrunde gegangen wäre, dabei sämtliche sozialen Bindungen verlor, zum ungepflegten Messie wurde und nur durch eine umfassende Suchtberatung den Weg aus dem Teufelskreis fand. Heute betreiben H.s Eltern die Selbsthilfeplattform Rollenspielsucht.de. Sie wollen damit Angehörigen von anderen Betroffenen aufzeigen, wie schnell man den Zugang zu den eigenen Kindern verlieren kann – und welche Wege es aus dem ganzen Wahnsinn heraus gibt. Ein 23-Jähriger aus Taiwan hatte nicht das Glück, Eltern zu haben, die noch rechtzeitig die Notbremse ziehen. Er starb in einem Internetcafé nach knapp 23 Stunden »World of Warcraft« an einem durch Unterkühlung und Sauerstoffmangel verursachten Organversagen.

Bevor also wirklich das ultimative »Game Over« über einen Menschen hereinbricht, sollte man bei einem leisen Verdacht lieber einmal mehr hinschauen, was der- oder diejenige auf den PC oder die Konsole geladen hat – und vor allem, wie er oder sie sich außerhalb der tückischen Spiele-Welt verhält. Helfen kann dabei der Hinweiskatalog der Arbeitsgruppe Spielsucht an der Berliner Charité, die aus medizinischer Sicht die wichtigsten Hinweise auf eine vorhandene Online-Sucht zusammengestellt hat und der hier wiedergegeben werden soll:

1. Der Betroffene hört auf, anderen Aktivitäten (außer Computerspielen) nachzugehen, die ihm zuvor Spaß gemacht haben.

2. Der Betroffene vernachlässigt persönliche, berufliche und familiäre Verpflichtungen.

3. Der Betroffene verändert seine Schlaf-, Ess- oder sexuellen Gewohnheiten.

4. Der Betroffene vernachlässigt sein äußeres Erscheinungsbild.

5. Der Betroffene ist ständig gedanklich mit dem Computerspiel beschäftigt, auch wenn er gerade nicht spielt.

6. Der Betroffene zieht sich von Familie und Freunden zurück.

7. Der Betroffene wirkt abwesend oder hat Schwierigkeiten, sich zu konzentrieren.

8. Der Betroffene hat Stimmungsschwankungen oder plötzliche Wutausbrüche.

9. Der Betroffene leidet unter Langeweile oder Unruhe.

10. Der Betroffene scheint depressiv, besorgt oder ängstlich.

Weitere, nicht in der offiziellen Liste aufgeführte Kriterien, die Angehörige und Freunde aufschrecken sollten, sind:

11. Der Betroffene meldet sich in einem Schützenverein an, kauft sich einen schwarzen, bodenlangen Mantel und versucht, Namen und Adressen seiner Grund- und Mittelschullehrer herauszufinden.

12. Das Zimmer des Betroffenen riecht seit einigen Tagen nach toter Katze.

13. Der Internetprovider verleiht dem Betroffenen die goldene VIP-Card.

Dabei müssen es übrigens nicht immer martialische Inhalte sein, denen man anheimfallen kann. Auch vermeintlich drollige Daddeleien wie Facebooks »Farmville«, das zu seinen vergangenen Blütezeiten weltweit an die 250 Millionen Teilnehmer verzeichnete, können zur gefährlichen Droge aus der Datenleitung werden. Besonders perfide: Diese bonbonbunten »Social Games« kommen weitaus harmloser daher als die bewusst düster gehaltenen Baller-Kollegen. Sie sind aber ebenfalls darauf aus, den Spieler Dinge erleben zu lassen, die für ihn im wahren Leben schlichtweg nicht möglich sind – und wenn es nur eine rekordverdächtige Kürbisernte auf dem Computer-Gehöft ist. Für jede noch so alberne Fantasie ist etwas dabei: So gibt es großmannssüchtige Rollenspiele über die mittelfristige Erlangung der Weltherrschaft genauso wie infantile Zuckerbäcker-Simulationen. Dass das virtuelle Backen von Cupcakes etwa einmal die Ersatzbefriedigung für einen erwachsenen Menschen darstellen könnte, hätte wahrscheinlich selbst Sigmund Freud nicht für möglich gehalten!

Eine weitere Gefahr des bescheuerten Bytes-Bauernhofes und seiner absurden Ableger beruht auf demselben simplen Spielprinzip wie einst das Tamagotchi – jenes konkurrenzlos idiotische Elektro-Ei, das uns 1997 einen Sommer lang die Nerven raubte. Zur Erinnerung: Das Digital-Küken musste ständig gehegt und gepflegt werden, um nicht den virtuellen Tod zu erleiden. Selbst rational denkende Vernunftmenschen erlagen damals der offenbaren Anziehungskraft dieses Unsinns und stellten sich nachts den Wecker, um dem Plastikramsch die nötige Aufmerksamkeit angedeihen zu lassen. Nichts anderes passiert bei Spielen wie »Farmville«, »Cityville« und Co.: Von der steten Beschäftigung hängt Wohl und Wehe des Zielobjektes ab. Also wird gesät, gebacken und gebaut, bis der Laptop ausbrennt – herzlich willkommen in der Abhängigkeit.

Diese Sucht oder zumindest die übertriebene Nutzung solcher Spiele ist für die Hersteller des debilen Datenschrotts natürlich vor allem eines: überaus lukrativ! Umsonst ist auch in Online-Spielen nur der Tod – und zuvor bestenfalls noch der Einstieg. Alles andere kostet extra, zusätzliche Waffen bei »World of Warcraft« genauso wie geheime Codes bei »Call of Duty« oder eben eine geräumigere Scheune bei »Farmville«. Die Kohle dafür wird dann bequem von der Kreditkarte oder dem PayPal-Konto abgebucht – dieser Vorgang aber geschieht dummerweise ganz und gar real! Manche Ehe soll gar deshalb in eine ernsthafte Krise geraten sein, weil vom gemeinsamem Kreditkartenkonto regelmäßig ein paar Euro für virtuelle Damen abgebucht wurden und der irritierte Partner diese Ausgaben nicht recht zuordnen konnte.

Dass mancher gewissenlose Entwickler von Browser-Games – wie etwa Zynga – erstmals Federn lassen musste, darf leider nicht als Zeichen der Entwarnung gewertet werden. Der milliardenschwere Markt, der ja ab 2007 überhaupt erst entstanden ist, ist angesichts der zu verdienenden Unsummen schlicht umkämpfter geworden – und verlagert sich allenfalls von Facebook mehr und mehr zu Apps für Tablets und Smartphones. Zynga will die Krise, der über 500 Mitarbeiter zum Opfer fielen, übrigens dafür nutzen, seinen unschätzbaren Dienst für die Allgemeinheit anderweitig fortzusetzen: Das Unternehmen teilte mit, man werde sich künftig auf Online-Glücksspiele wie Roulette- und Poker-Simulationen konzentrieren.

Ich weiß, was du letzten Sommer getan hast

Wie jedes harmlose Urlaubsfoto brandgefährlich werden kann

Ein Dia-Abend bei Onkel Herbert und Tante Anni war jedes Mal für alle Gäste eine fürchterliche Qual. Nicht wegen der fettigen Häppchen oder der bunten Bowle, die zu den auf die heimische Wohnzimmerwand projizierten Erinnerungen aus drei Wochen Campingurlaub in Cesenatico gereicht wurden. Sondern weil die Bilder für alle Unbeteiligten, also im Grunde genommen alle Anwesenden außer Herbert und Anni selbst, schlichtweg uninteressant und furzlangweilig waren. Schlimmer noch: Nach dem 50. Ferienfoto eines übergewichtigen Mannes in Badehose hätten wir am liebsten einen sofortigen Reset unseres Kurzzeitgedächtnisses durchgeführt. Einen kleinen Vorteil aber hatte diese aus Gründen des familiären Friedens unvermeidliche Pein: Nach knapp drei Stunden hatte man sie überstanden – und dann wieder für ein halbes Jahr Ruhe!

Heute haben wir diese Ruhe leider nicht mehr: Durchschnittlich 280 Fotos hat jeder Teilnehmer auf seinem Facebook-Profil. Auf weiteren 70 ist derjenige selbst dann noch verlinkt – Tendenz selbstverständlich steigend! Wissenschaftler der Uni Hannover fanden heraus, dass auf diese Weise schon bei rund 200 Facebook-»Freunden« locker 20 000 Fotos zusammenkommen, die von allen Kontakten eines einzelnen Nutzers zusammen hochgeladen wurden. Die Kontrolle darüber zu behalten, worauf man selbst zu sehen ist, dürfte sich da ziemlich schwierig gestalten. Wir haben einen von den niedersächsischen Professoren entwickelten Test gemacht – und sind bei schmalen acht eigenen Bildern auf sage und schreibe 36 535 Fotos unserer Freunde gekommen, wobei zugegebenermaßen ein gefühltes Drittel davon von Julia Wirzenbrink und ihrem Freund stammt. Auf jedem dritten Bild waren Personen getaggt, 3800 davon auch noch exakt lokalisiert. Wie oft wir persönlich bereits irgendwo zu identifizieren sind, wissen wir leider nicht. Dazu müssten wir uns ja erst ein paar Tage nonstop durch irgendwelche Galerien klicken. Aber dass wir auf keinem einzigen kompromittierenden Schnappschuss durchs Netz geistern, dürfte in etwa so wahrscheinlich sein wie die Wiedereinführung des Diskettenlaufwerks im nächsten iMac!

Über 300 Millionen Bilder werden inzwischen von den Nutzern insgesamt jeden Tag im größten, besten und tollsten aller sozialen Netzwerke hochgeladen! Dass darauf dann alle Facetten des menschlichen Daseins zu sehen sind, versteht sich angesichts dieser schier unglaublichen Datenmenge von selbst. Die entsprechende Funktion eingestellt, kann man sich der Pinnwand sei Dank an PC, Tablet oder Smartphone beinahe im Minutentakt an visuellen Neuigkeiten erfreuen, die man ohne Facebook niemals mitbekommen hätte – was sicher kein großer Verlust an Wissen gewesen wäre. Doch wer sich gerade am Strand von Arenal befindet und seinen Kopf euphorisch in einen Eimer Sangria tunkt, möchte diese südländische Lebensfreude heutzutage halt genauso mit seinen lieb gewonnenen 600 Kontakten teilen wie derjenige, dessen Lieblingstasse soeben am Küchenboden zerschellt ist, sein unermessliches Leid.

Dabei unterscheidet sich der Dia-Abend vom Grundsatz her gar nicht vom allgegenwärtigen Foto-Posting-Wahnsinn, dessen reine Kenntnisnahme den Netzwerk-Nutzer bereits eine Stunde Zeit am Tag kostet: Die Ursache für beide Aktivitäten liegt schlicht in unserem allzu menschlichen Mitteilungsdrang begründet. Diese sehr unschöne, aber weitverbreitete Eigenschaft lässt uns allenfalls subjektiv spannende Dinge erzählen, die rein objektiv besehen für Dritte jedoch vollkommen irrelevant sind! Nun hat es Wichtigtuer und Aufschneider zweifelsohne schon immer gegeben – was uns später noch ausführlicher beschäftigen wird. Das Fürchterliche am Selbstdarsteller 2.0 ist nur, dass das Hochladen eines beschissenen Fotos samt der dazugehörigen Info für ein paar Hundert Kontakte leider sehr viel schneller geht als die Organisation eines im Kern ebenso beschissenen Dia-Abends samt dazugehörigem kalten Buffet für ein paar Verwandte.

Exakt zu diesem Phänomen ließ schon vor einigen Jahren die angesehene Fachzeitschrift *Cyberpsychology, Behavior and Social Networking* eine Studie unter Facebook-Mitgliedern erstellen. Sie ergab zweifelsohne, dass die Plattform von Menschen mit einer narzisstischen Grundhaltung besonders intensiv zur anschaulichen Eigenwerbung genutzt wird. Soll heißen: Wer ohnehin schon vor Bedeutung kaum mehr gehen kann, postet noch zahlreicher Fotos als die anderen. Das so Mitgeteilte wird zudem in der Bedeutung massiv überhöht. Natürlich ist der gerade eingestellte Urlaub der allerschönste gewesen und das neugeborene Baby das allerhübscheste, obwohl der tunesische Dreisternebunker aussieht wie nach einem Taliban-Angriff und das Balg wirkt wie ein deformierter Monchichi. Nicht nur aufgrund der Ergebnisse dieser objektiven Untersuchung muss man bedauerlicherweise sagen, dass Facebook die eitlen und extrovertierten Schaumschläger unter uns anzieht wie ein unverschlossener Porsche Cayenne einen ukrainischen Autoschieber – einfach weil es ein sensationell großes Forum zur Darstellung des übergroßen Egos bietet. Im Vergleich zu Herberts und Annis Campingplatz-Schnappschüssen aber, die nach dem einmaligen Vorzeigen auf immer und ewig in der Wohnzimmeranrichte verschwunden sind, hat das Präsentieren seiner privaten Peinlichkeiten im global-virtuellen Fotoalbum teilweise dramatische Folgen, die sich im ersten Moment noch gar nicht abschätzen lassen!

Zunächst einmal sollte es jedem klar sein, dass dort, wo sich eine Milliarde Leute mal mehr, mal weniger datengeschützt tummeln, auch jede Menge Kriminelle am Start sind. Und die nutzen das Veröffentlichungsverlangen so manches Nutzers natürlich nur allzu gerne aus. Mussten früher Einbrecher das Zielobjekt ihres Vertrauens noch mühsam tagelang observieren, hat der Ganove von heute das längst nicht mehr nötig. Laut einer Analyse, die von der weltweit agierenden Sicherheitsfirma Sophos angestellt wurde, geben über 40 Prozent der Facebook-Mitglieder private Informationen wie Geburtsdatum, Arbeitsplatz und Wohnort in ihrem Profil preis. Wenn also ein User das alles – am besten noch visualisiert – hinterlegt hat, ist es nach dessen euphorischer Mitteilung, endlich in den lang ersehnten zweiwöchigen USA-Urlaub abgeflogen zu sein, kein großes Problem mehr, die sturmfreie Bude ausfindig zu machen und auszuräumen. Vom Effekt her verhält sich das in etwa so, als würde man vor der Abreise einen großen Zettel an die Haustür kleben, auf dem in neonfarbenen Buchstaben »Bin nicht da« und darunter am besten das Rückreisedatum steht. Für die nötigen Informationen über die Beschaffenheit der Umgebung sorgt im Idealfall dann noch ganz bequem der Dienst von Google Street View – wenn nicht der Nachbar ausnahmsweise zu den 244 237 Spaßbremsen gehört, die ihr Anwesen im dreidimensionalen Suchmaschinen-Stadtplan pixeln ließen.

Dass diese Art der Recherche in gewissen Kreisen längst so gehandhabt wird, gaben einige Banditen sogar ganz offen zu: In einer bis dato einmaligen Befragung von 50 in Großbritannien verurteilten Einbrechern im Auftrag des Finanzdienstleisters Credit Sesame teilten knapp 80 Prozent der Täter mit, sich auf diese Weise online vorab über ihre potenziellen Opfer und deren Lebensumstände informiert zu haben! Sogar eine eigene Internetseite gibt's für alle interessierten Plünderer: Pleaserobme.com heißt sinnigerweise das Portal, auf dem die Kurzbotschaften, welcher Immobilienbesitzer gerade wo unterwegs ist, im Sekundentakt einlaufen. Das ist zwar mehr oder weniger ironisch gemeint, soll aber zumindest nach Auskunft der Betreiber ernsthaft auf die Gefahr hinweisen, der man sich mit zu arglosem Umgang mit persönlichen Daten aussetzt.

Selbst wenn man mit derart vertraulichen Infos spärlich umgeht oder gar keinen eigenen Account besitzt, droht noch der Verlust des Hab und Guts wegen eines privaten Datenlecks. Zumindest dann, wenn man Kinder großgezogen hat, die erfahrungsgemäß im Umgang mit Facebook unbedarfter sind als man selbst. Das zeigt der in österreichischen Medien viel beachtete Fall eines reichen deutschen Maschinenbauunternehmers: Der Millionär fand sein mit wertvollen Antiquitäten bestücktes Ferienhaus in Tirol bis auf den Terrakottaboden leer geräumt vor, als er es nach einigen Wochen Abwesenheit wieder mal aufsperrte. Die Polizei ermittelte, dass die 19-jährige Tochter zahlreiche Bilder vom letzten und praktischerweise gleich die Daten des nächsten Aufenthaltes am Zweitwohnsitz der Familie gepostet hatte – sämtliche Hausansichten inklusive. Tja, und offenbar waren unter den rund 600 Kontakten des Mädchens, die allesamt die guten Nachrichten empfangen hatten, nicht nur aufrichtige »Freunde«. Sondern auch einige zwielichtige Zeitgenossen mit mangelndem Respekt vor fremden Besitztümern. Weil sich derartige Fälle in jüngster Vergangenheit häufen, denken erste englische Versicherungskonzerne darüber nach, die Prämie für Hausrats-Assekuranzen für diejenigen zu erhöhen, die in sozialen Netzwerken Mitglied sind. Auf kurz oder lang wird sich auch bei uns der Begriff der Fahrlässigkeit auf den Umgang mit Facebook und anderen digitalen Daten ausdehnen.

Ein kleiner Trost mag da für alle Beklauten vielleicht sein, dass auch die Kriminellen selbst manchmal das Wasser nicht halten können: So wurde das professionelle Fiasko einer jugendlichen Einbrecherbande aus dem US-Bundesstaat South Carolina bekannt. Die prahlerischen Gelegenheitslangfinger stellten im Überschwang ihrer einträglichen Beutezüge auf ihrer Facebook-Seite immer wieder Bilder jener Objekte online, die sie kurz zuvor heimgesucht und netterweise auch gleich noch verwüstet hatten. Etwas ungeschickt war nur, dass die Täter sich auch noch darin taggten, also ihre Namen anzeigen und mit ihren Profilen verlinken ließen. Nachdem eines der Opfer über einen Link in seiner Freundesliste zufällig sein Haus erkannte, war die Festnahme der Gang dann nur noch Formsache.

Übel kann es freilich auch ausgehen, wenn es Kriminelle nicht auf irgendwelche Objektdaten abgesehen haben, sondern schlicht und ergreifend auf Informationen über das Opfer selbst! Mit dem Phishing-Verdruss mussten wir uns schon beinahe seit der Erfindung der E-Mail herumärgern. Weil aber selbst im offenherzigen Online-Zeitalter bei den meisten Nutzern wenigstens noch ein paar allerletzte Lerneffekte zu funktionieren scheinen, ist heute kaum noch jemand so gutgläubig, einen Anhang zu öffnen, der einem eine kostenlose Probepackung Viagra verspricht, sich dann aber als fieser Daten-Trojaner entpuppt. Deswegen haben die Digital-Diebe ihre Aktivitäten inzwischen lieber auf die sozialen Netzwerke verlegt. Hier heißt dieselbe Methode sinnigerweise »Likejacking« und setzt darauf, dass der Facebook-Nutzer einer Nachricht von »Freunden« eben mehr vertraut als irgendeinem dubiosen Mail-Absender. Und so veranlasst ein vorgebliches Posting von einem »Freund« unter einem vermeintlich interessanten Betreff den User, auf einen unsichtbaren »Like«-Button zu klicken, unter dem die Falle dann zuschnappt.

Die harmloseste Folge dieses Klicks sind da noch zweifelhafte Spaß- oder obszöne Sex-Bilder, die sich umgehend öffnen und dann für die gesamte Kontaktliste ersichtlich sind. Zwar mag es höllenpeinlich sein, wenn ein paar Hundert Leute mitbekommen, dass man beispielsweise einen masturbierenden Affen auf seinem Profil zur Schau stellt. Aber der kann einem wenigstens nicht das Konto plündern. Letzteres kann gleichwohl gut passieren, wenn der »Likejacker« weitaus finsterere Absichten hegt als nur ein bisschen Spam zu verbreiten. Klickt man auf einen solchen mit hoher krimineller Energie programmierten Link, installiert sich – wie bei der guten, alten Viagra-Mail auch – in Millisekundenschnelle eine Schadsoftware auf dem Rechner, die einem im Worst Case sämtliche Passwortdaten oder Identitätsinformationen abspenstig machen kann. Die Fälle, in denen das bereits passiert ist, gehen in die Hunderttausende. Dabei hat man das als Kind doch immer wieder beigebracht bekommen: Von Fremden soll man nichts annehmen! Komisch, dass viele sich daran im Erwachsenenalter nicht mehr erinnern.

Doch zurück zu den Bildern. Die einen oder anderen unbefangenen Liebesgrüße aus der Lederhose haben in den letzten Jahren schon manchen Personalchef erheitert – und den Bewerber um einen möglichen Job gebracht! Natürlich spielt der Konsum von Alkohol in ungesunden Mengen bei den meisten fatalen Facebook-Fehlern die Hauptrolle. Aber auch offenherzige Oben-ohne-Ansichten, verräterische T-Shirt-Beschriftungen oder missratene Fotomontagen haben schon dazu geführt, dass eine Karriere beendet war, bevor sie überhaupt begann. Obwohl das Thema so abgegriffen ist wie eine zehn Jahre alte Computermaus, nimmt die Dummheit vieler vorwiegend junger Menschen offenbar nicht ab: Noch immer sind trotz gefühlter Dauerberichterstattung zu diesem Problemkomplex fast 30 Prozent aller Facebook-Profile nicht geschützt; bei Twitter sind sogar erschütternde 90 Prozent aller Tweets für jedermann einsehbar. Und das, obwohl laut *Social Media Report* fast die Hälfte der deutschen Unternehmen die Netzwerke längst dazu nutzen, mehr über Bewerber und Mitarbeiter herauszufinden. Die umfangreiche Facebook-Recherche ist in vielen Betrieben gang und gäbe – zum Beispiel um herauszufinden, ob der seit zwei Wochen krank geschriebene Sachbearbeiter wirklich eine schwere Sommergrippe hat, was sich angesichts eines vor wenigen Tagen hochgeladenen Porträtbildes auf einer Segeljolle vermutlich getrost mit Nein beantworten lässt.

Identifikationskriterien für garantierte Blindgänger können außer frivolen Party-Pics auch eklatante Rechtschreibschwächen in den Postings oder unangemessene Meinungsäußerungen sein. Fast immer ein Kündigungsgrund sind nach gängiger Rechtsprechung Beleidigungen oder falsche Tatsachenbehauptungen, sofern das Profil nicht nur für einen ganz konkret abgegrenzten, engen Kreis zugänglich ist. Weil aber die Dummköpfe niemals aussterben werden, dürfen wir nahezu wöchentlich Berichte lesen wie den jener offenbar unzufriedenen Sparkassen-Mitarbeiterin aus Sachsen-Anhalt, die für jeden ersichtlich einen Facebook-Eintrag ihres Mannes geliked hat. Was an sich nicht verwerflich gewesen wäre, hätte nicht der Göttergatte unter dem Satz »Der Fisch fängt immer vom

Kopf an zu stinken« ein abgewandeltes Logo des Arbeitgebers seiner Frau auf einem Porträt eines nicht mehr ganz frischen Herings platziert. Die Dame bekam die fristlose Kündigung, das Landesarbeitsgericht danach eine Menge zu tun. Und der Mann von uns das Prädikat »Knalldepp des Monats«!

Immerhin hatte er die Fotomontage selbst erstellt. Denn was bei eigenen Bildern »nur« unangenehm ist, kann bei Bildern Dritter juristisch gesehen dagegen zu einem richtigen Fehlgriff werden. Denn Facebook ist vielleicht die größte Plage der Gegenwart, das Sprachrohr aller Sprücheklopfer, eine Datenkrake mit haarsträubenden Schutzbestimmungen – eines aber ist selbst das Zuckerberg'sche Milliarden-Imperium nicht: ein vollkommen rechtsfreier Raum. Und obwohl der Rechtsanwalt im Ranking der angesehensten Berufe irgendwo zwischen Börsenmakler und Bundestagsabgeordneter rangiert, also ziemlich weit hinten, ist er auf jeden Fall vorne dabei, wenn es darum geht, neue Geschäftsfelder zu akquirieren.

Grundsätzlich gilt: Wer ein Foto auf seiner Facebook-Seite hochlädt, muss auch die Rechte daran haben! Das bezieht sich nicht nur auf Aufnahmen von anderen Menschen. Sondern auch auf Stadtpläne, Bedienungsanleitungen, Videos von Veranstaltungen, Screenshots, CD-Cover und vieles mehr. Das dürfte aber bei vielen Bildern, mit denen manche einfallslosen Birnenpflücker ihr popeliges Profil aufhübschen möchten, nicht der Fall sein. Daher steigt die Zahl der abgemahnten Internetnutzer seit etwa vier Jahren massiv an – auf zuletzt etwa 110 000 per annum, schätzt die Interessengemeinschaft gegen den Abmahnwahn, die inzwischen rund 40 Kanzleien auf ihrer Website aufgeführt hat, die sich auf diesen Fachbereich spezialisiert haben. Schon einzelne Verstöße produzieren schnell Verfahrenskosten von bis zu 2000 Euro. Experten schätzen, dass eine durchschnittliche Facebook-Pinnwand im schlimmsten Fall rund 15 000 bis 20 000 Euro an Strafen hervorrufen könnte – sei es wegen der Abbildung eines witzigen Politiker-Porträts, das ursprünglich von einer Nachrichtenagentur stammt, oder auch nur wegen des Ausschnitts eines Donald-Duck-Comics.

Gerade für jene, die eigentlich nur ein bisschen lustig sein wollen, kann es aus diesem Grund richtig ernst werden. Wie etwa für alle »Freunde« der beliebten Facebook-Seite »Die peinlichsten Party-Fotos«. Diese und ähnliche Pages mit vielen ungewollten Schnappschüssen sind nämlich ein gefundenes Fressen für alle Abmahnkanzleien. Wer keine Erlaubnis dafür gegeben hat, sich beim vulkanartigen Heckenkotzen für die Nachwelt verewigen zu lassen, braucht sich nur an einen entsprechenden Beistand zu wenden, der für ihn dann eine Klage wegen Verletzung des Rechts am eigenen Bild einreicht. Und die kann dann sogar diejenigen treffen, die das Foto nicht einmal gemacht, sondern nur geteilt haben! Erste Fälle wurden von den Gerichten bereits entsprechend gegen den User entschieden. Bei allen Nachteilen für Otto Normalverbraucher schafft es Facebook also wenigstens, einer Berufsgruppe eine zukunftssichere Einnahmequelle zu sichern: Fachanwälten für Urheberrecht.

Wirklich grenzwertig wird's dann, wenn die Motive noch zu jung sind, um sich gegen die Zurschaustellung im Netz wehren zu können: Kinder kennen dieses Recht natürlich nicht, und begreifen können sie es erst recht nicht. Es läge demnach an ihren gesetzlichen Vertretern, über diese Eingriffe in die Privatsphäre zu entscheiden. Das ist aber natürlich dann hinfällig, wenn diese selbst für den eigentlichen Rechtsverstoß verantwortlich sind. Und so können wir Torben-Noel auf dem Töpfchen, Emmas erste Schritte oder Ben-Linus in der Badewanne bewundern. So manche frischgebackene Mama verwendet auch gerne das Porträt ihres speckigen Babys als Profilfoto. Wenn die Schnappschüsse dann noch mit den entsprechenden Kindernamen markiert werden, sind die Kleinen prompt im Online-Netzwerk vermerkt, noch bevor sie einen Impfpass haben. Dabei weiß jeder, der nahezu täglich den akribisch dokumentierten Entwicklungsfortschritt des Nachwuchses anderer Leute auf seiner Pinnwand angucken muss: Nichts ist nerviger als der Stolz frischgebackener Eltern! Der war zwar vor Facebook und Co. auch schon stark ausgeprägt. Die Gefahren, die von kitschigen Pixie-Fotos oder verwackelten Super-8-Filmchen ausgingen, waren jedoch recht überschaubar. Das sieht inzwischen leider anders aus.

Auch, wenn einem bei dem Gedanken daran das Frühstück wieder hochkommt: Es ist kein Geheimnis, dass gerade Pädophile das Internet im Allgemeinen und soziale Netzwerke insbesondere nutzen, um ihre kranken Fantasien auszuleben. Ein wenig am PC zu stöbern, ist ja auch viel bequemer, als sich in schmuddeligen Bahnhofskneipen oder auf Autobahnraststättenklos herumzutreiben. Auch wenn es das Unternehmen nicht gerne hört: Facebook ist eine ideale und vor allem weithin legale Quelle, um an entsprechende Aufnahmen zu kommen. Und so landet manches süße Bild aus dem heimischen Planschbecken auf der Festplatte einer digitalaffinen Drecksau, ohne dass die Eltern dies jemals erfahren!

Noch gefährlicher wird's nur dann, wenn Kinder selbst ein Profil besitzen. Obwohl Facebook offiziell eigentlich erst ab 13 Jahren genutzt werden darf, geben es laut einer Umfrage des Medienpädagogischen Forschungsverbundes die meisten der befragten Kids zwischen sechs und 13 als beliebteste Seite im Internet an. Mehr als 30 Prozent aller Zehnjährigen besitzen bereits einen eigenen Account. Weil aber noch immer der Umgang mit Internet und sozialen Netzwerken nicht in jedem Bundesland als »Medienkunde« Einzug in den Stundenplan gehalten hat – und sich auch manche Eltern mit den komplizierten Sicherheitseinstellungen der verschiedenen Plattformen schwertun –, ist es kein Wunder, dass die Polizei Jahr für Jahr Hunderte Fälle bearbeiten muss, in denen Sexualverbrecher mit einem gefälschten Zugang Kontakt mit Minderjährigen aufgenommen haben: Aktenkundig sind etwa die Beispiele, in denen sich ein Täter als BVB-Coach Jürgen Klopp ausgab, ein anderer mit angeblichen Geschenken lockte und wieder ein anderer behauptete, für einen großen Freizeitpark zu arbeiten. Alle drei taten dies mit dem Ziel, möglichst viele Informationen über die Kinder herauszubekommen, die auf die Lügen eingegangen waren – oder sogar noch mehr. Was da alles passieren kann, darüber mag man nicht mal nachdenken.

Doch es muss noch nicht einmal gleich eine solch schwerwiegende Straftat drohen, damit einem Kind vermeintlich unverfängliche

Online-Aufnahmen irgendwann um die Ohren fliegen. Unser Familienalbum konnten wir vor 30 Jahren noch unauffällig verschwinden lassen, wollten wir nicht, dass Mutti unserer neuen Freundin Julia Wirzenbrink stolz die Ansichten unseres dritten Geburtstags samt des von oben bis unten vollgekleckerten Trachtenhemdes zeigt. Sollte Julia jedoch selbst einmal Kinder haben, dann ist es so sicher wie das Amen in der Kirche, dass diese keinen Schritt machen können, ohne dass der auf Facebook lückenlos dokumentiert wird – es sei denn, sie hat ihren Nachwuchs mit uns! Einst hochgeladene und längst vergessene Fotos und Videos vom kleinen Wicht in vollen Windeln und ähnlich unansehnliche Blamagen bleiben aber im unendlich großen, digitalen Bilderbuch auch nach Jahren noch bestehen. Und wer weiß heute schon, wie manche Mitschüler des schüchternen Sohnes oder der wenig selbstbewussten Tochter darauf reagieren, wenn ihnen eine solche Geschmacklosigkeit einmal in die Hände fällt?

Ein besonders prägnantes Exempel, welches Ausmaß das sogenannte Public Shaming, wie dieser Vorgang in den USA genannt wird, annehmen kann, ist die »Youtube-Challenge« des Komikers Jimmy Kimmel. Der fordert in seiner TV-Show Eltern regelmäßig dazu auf, ihre Kinder zu verarschen und dabei zu filmen. So sollten die Erwachsenen dem Nachwuchs etwa gestehen, alle eingesammelten Halloween-Süßigkeiten heimlich gegessen zu haben – oder ihnen an Weihnachten Geschenke aus Abfall überreichen. Die Reaktionen des paralysierten Nachwuchses reichen von herzerweichend bis aggressiv und sind auf Kimmels Youtube-Kanal zu sehen. An die 100 Millionen Amerikaner haben bis jetzt über die auf diese Weise bloßgestellten Kinder anderer Leute gelacht. Ob die Protagonisten selbst darüber lachen können, wenn sie einst groß sind, bleibt abzuwarten! Sehen können werden die Mobbingopfer von morgen die Filme irgendwann auf jeden Fall, wenn nicht bis dahin eine nordkoreanische Atomrakete im Youtube-Server einschlägt. Youtube selbst oder unser aller Lieblingsnetzwerk lassen solche zweifelhaften Zukunftsaussichten eher kalt. Auf Facebook wird lieber weiter mit Hochdruck am nächsten Schritt der generationenübergreifenden

Kundenbindung gearbeitet: So ist es möglich, auch ungeborene Kinder als Familienmitglied einzutragen und damit quasi online bereits anzumelden. Wir sind gespannt, wie die kalifornische Digital-Drückerkolonne diese Art des Mitgliederfangs noch steigern will.

Grundsätzlich gilt bei all diesen Beispielen: Die Verweildauer der meisten Bilder im Netz ist mit dem Prädikat »unendlich« einfach ein bisschen zu lang! Selbst wenn hochgeladene Dateien später wieder gelöscht wurden: Keiner weiß, wer sich die Dinger in der Zwischenzeit noch gezogen hat – erlaubt oder gerne auch illegal. Allein auf der Webseite Archive.org sind über 85 Milliarden alte Internetseiten gespeichert, die sich noch immer prima aufrufen und anschauen lassen. Da kommen natürlich auch zahllose Sachen zum Vorschein, die besser nie mehr hätten zu sehen sein sollen. Doch das Internet vergisst nicht!

Zumal sich mittlerweile die meisten unserer schönen privaten Dateien nicht mehr auf der heimischen Festplatte und damit wenigstens mehr oder weniger in unserem Kontrollbereich befinden. Sondern auf irgendeiner »Cloud«, wie die Provider ihre schnöden Rechenzentren malerisch nennen. Und auch wenn uns Dropbox, Apple, Telekom und Co. immer wieder versichern, die digitalen Wolkenkuckucksheime seien gegen Hochwasser, Erdbeben, Vulkanausbrüche, Meteoriteneinschläge und sonstige Katastrophen geschützte Hochsicherheitstrakte: Hacker-Attacken lassen sich durch einen zwei Meter hohen Schutzzaun und eine Feuertüre aus Stahl ebenso wenig zu 100 Prozent ausschließen wie der Missbrauch durch kriminelle Angestellte. Wir wollen gar nicht wissen, wie viele Gauner, Spinner und Spanner sich zumindest über einen Teil der Abermillionen Bilder amüsiert oder sich daran aufgegeilt haben, während diese von unseren Smartphones, PCs oder Tablets in die verschiedenen Clouds schwebten. Wenigstens überführt die metaphorische Datenwolke immer mal wieder die besonders einfältigen Exemplare unter den Dieben: So mancher iPhone-Räuber, der sich mit der eingebauten Kamera seiner Beute stolz fotografierte, hatte nicht auf dem Schirm, dass die Aufnahmen direkt auf dem Computer des rechtmäßigen Eigentümers landen. Das dürfte denn auch leider so ziemlich der einzige Nachteil sein, den der Fotostream für kriminelle Halunken hat!

Schalt das Hirn App

Wie wir unser ganzes Leben bescheuerten Anwendungen anvertrauen

Das Leben kann so schön sein: Wir liegen zusammen mit Julia Wirzenbrink an einem weißen, menschenleeren Traumstrand in der Karibik und dösen Händchen haltend vor uns hin. Die hoch stehende Sonne sorgt für wohlige Wärme, eine Kokospalme spendet die nötige Portion Schatten und das Meer rauscht sanft im Hintergrund. Plötzlich vernehmen wir das monotone Geräusch einer Marimba, dem aus Flaschenkürbissen bestehenden, xylofonartigen Traditionsinstrument Lateinamerikas. Was anfangs noch ganz angenehm geklungen hatte, wird sukzessive immer lauter: Dadidadadamm, Dadidadadamm, Dadidadadamm. Warum, verdammt noch mal, hört das Scheiß-Ding nicht auf, denken wir, warum dieser beknackte Lärm an diesem ruhigen Strand? Dadidadadamm, Dadidadadamm. Zur Hölle, es ist wirklich unerträglich!

Da wachen wir auf.

Dadidadadamm tönt es nur aus unserem iPhone. Julia hat sich aus unserem Traum wieder in den Facebook-Account zurückgezogen, denn die beschissene Marimba hat uns geweckt. Was ja im Grunde genommen auch deren Aufgabe ist, denn sie ist einer der entsetzlichen Standardklingeltöne, den die offenbar sadistischen Apple-Programmierer im Gerät angelegt haben – neben einem erschütternd blechernen Gitarrenakkord oder einer Ente, die klingt, als steige man mit Gummistiefeln in einen Eimer Gülle. Erstaunlich, dass auf diesem kleinen Gerät fast eine gesamte Nationalbibliothek Platz hat, seine vorinstallierten Klänge aber wirken, als wären sie von einem taubstummen Fünfjährigen auf einem ausrangierten Atari ST komponiert worden. Unabhängig davon ist es freilich vollkommen selbstverständlich, dass wir uns seit langer Zeit von unserem Smartphone wecken lassen – wie die meisten anderen Smartphone-Besitzer auch. Womit sollten wir denn sonst aus dem Tiefschlaf geholt werden? Schließlich gibt es in gut der Hälfte aller Haushalte längst keinen Wecker mehr – zugegebenermaßen auch, weil ihn zum Beispiel die rund 4,5 Millionen Bezieher von Hartz IV gar nicht brauchen, während jeder innerhalb einer Bedarfsgemeinschaft ein Mobiltelefon besitzen kann. Doch das nur am Rande.

Und so beginnt an jedem Morgen aufs Neue ein wunderbarer technisierter Lebenskreislauf: Nach dem finalen Internet-, Social-Network- und E-Mail-Check am Vorabend ist das Smartphone sowohl das Letzte, was wir an einem gewöhnlichen Tag in die Hand nehmen, als auch – weckerbedingt – wieder das Erste. Während der Zeit dazwischen liegt es im Idealfall auf stumm geschaltet ungefähr einen Viertelmeter von unserem Kopf entfernt auf dem Nachttisch. Und das, obwohl die Weltgesundheitsorganisation WHO Handy-Strahlung seit 2011 als »möglicherweise krebserregend« einstuft und epidemiologische Studien belegen, dass Menschen, die ihr Telefon über viele Jahre intensiv benutzt haben, zumindest ein leicht erhöhtes Risiko haben, an einem Gehirntumor zu erkranken. Aber bei durchschnittlich 1,5 Stunden ununterbrochenen Gebrauchs am Tag kommt es auf die paar Stunden Stand-by-Zeit in der Nacht irgendwie auch nicht mehr an. Viel interessanter als die Frage, ob uns wegen eines so schicken, kleinen Telefoncomputers in ein paar Jahrzehnten mal das Hirn verbrutzelt, ist doch die, wie ein menschenwürdiges Leben ohne ein Smartphone überhaupt machbar war.

Natürlich fragen wir uns das nicht wegen so etwas Profanem wie der mobilen Telefonie an sich. Von unterwegs aus unbescholtene Leute vollquatschen konnten wir ja zur Not auch schon mit dem Motorola International. Und wir fragen uns das erst recht nicht wegen der ständigen Verfügbarkeit des Internet – das benutzten wir zuvor seit über einem Jahrzehnt ohnehin beinahe den ganzen Tag auf jedem x-beliebigen Computer zu Hause oder im Büro. Aber vor der Erfindung des Smartphones gab es halt auch noch keine App! Zumindest keine, die diesem Begriff würdig gewesen wäre – was man von einem Taschenrechner, einem Kalender oder einem simplen Irrgartengeplänkel wie »Snake« nun wirklich nicht behaupten kann. Heute jedenfalls gibt es knapp 900 000 solcher mobilen Programme allein im App-Store und rund 700 000 in Googles Android-Pendant Play Store. Und all die wollen schließlich auch verwendet werden: Alleine die Apple-Apps wurden nach Unternehmensangaben etwa 50 Milliarden Mal heruntergeladen und sorgen für einen Umsatzanteil von 2,4 Milliarden US-Dollar im Jahr. Im Klartext: Apple macht mit dieser spezifischen Software für iPhone und iPad genauso viel Schotter wie etwa der Autobauer Škoda mit Fahrzeugen aus leibhaftigen Werkstoffen. Raten Sie mal, wo mehr Gewinn erzielt wird. Auch deshalb natürlich, weil ein Mensch, der bei Škoda ein Auto zusammenschweißt, wahrscheinlich einigermaßen davon leben kann; der gewöhnliche App-Entwickler indes leider nicht: 80 Prozent von ihnen sind laut einer Erhebung des Marketing-Dienstleisters App Promo nicht in der Lage, von ihren Programmen ihren Lebensunterhalt zu bestreiten. Dazu müssten sie schon von Apple angestellt werden – aber die Jungs aus Cupertino sind ja nicht bescheuert.

Wie auch immer: Es versteht sich von selbst, dass bei so vielen Anwendungen – was die vollkommen uncoole, wortgetreue deutsche Übersetzung des viel cooleren Langwortes »Applications« ist – nun wirklich für jeden Lebensbereich etwas dabei sein dürfte. Und so vertrauen viele Menschen ihr gesamtes Leben und noch viel mehr dem allwissenden Smartphone beziehungsweise den darauf enthaltenen digitalen Helferlein an. Los geht's schon am frühen Morgen. Nach dem besagten Wecken erinnert uns eine App selbstverständlich umgehend an alle Termine des Tages – 75 Prozent der Deutschen vertrauen in diesem Kontext bereits voll und ganz der Erinnerungsfunktion ihres Telefons. Das ist nicht nur insofern praktisch, weil auch nach sieben Jahren Ehe zumindest wegen des vergessenen Hochzeitstages kein Streit mehr mit dem enttäuschten Partner droht oder das Meeting mit dem Abteilungsleiter nicht mehr verschnarcht wird, sondern vor allem deshalb, wenn man bedenkt, dass schon bei, sagen wir mal, läppischen 300 Facebook-»Freunden« statistisch gesehen fast jeden Tag ein anderer Dauerlutscher Geburtstag hat und sehnsüchtig auf seine Pinnwand starrt.

Doch nun müssen wir erst mal unsere Nachtruhe analysieren: Der »Sleep Recorder« soll die vergangenen acht Stunden nicht umsonst aufgezeichnet haben! Das Mikro zielgenau ausgerichtet, misst diese App sämtliche Geräusche, die wir im Schlaf von uns geben. Wer nicht genau weiß, ob seine heftigen Grunzlaute an der Flasche schweren spanischen Rotweins am Vorabend lagen oder doch eine tiefer gehende medizinische Ursache haben, kann seine Aufnahmen natürlich auch in der weltumspannenden Recorder-Community veröffentlichen und sich dort einen Rat einholen, ob man einfach nur zu viel gesoffen hat oder vielleicht besser einen Somnologen aufsuchen sollte.

Ein Blick auf eine der ungefähr 200 zur Auswahl stehenden Wetter-Apps verrät uns bereits vor dem Öffnen des Rollos, ob an diesem Tag eher Sonnen- oder doch lieber Regen-Outfit angesagt ist. Zumindest tut sie so. Denn die gewöhnliche Regenwahrscheinlichkeitsvoraussage auf dem iPhone oder einem Android-Handy ist in etwa so verlässlich wie ein Treueschwur von Jörg Kachelmann. Immerhin können wir uns dank der automatischen Stilberatung im Anschluss gleich noch vorschlagen lassen, was wir an diesem Tag anziehen. Unsere Klamotten haben wir dafür zwar vorher mühsam und alle einzeln in der virtuellen Garderobe hinterlegen müssen. Aber der Aufwand lohnt sich: Die entsprechend von der Software ausgewählten Kleidungsstücke werden nämlich umgehend mit einem abgespeicherten Porträtfoto verknüpft, sodass wir im Voraus sehen können, wie blendend wir gleich ausschauen werden, wenn wir erst mal den Snoopy-Schlafanzug abgelegt haben.

Duschen und Zähne putzen müssen wir dummerweise noch selber. Aber dafür werden die sich im Silicon Valley sicherlich auch bald etwas einfallen lassen, was man sich für 4,99 Euro downloaden kann! Doch schon kurz darauf in der Küche können wir wieder auf eine App zurückgreifen, die uns empfiehlt, aus welchen Zutaten wir das Frühstück zubereiten sollen. Das Prinzip ist in etwa dasselbe wie beim Kleiderschrank, nur dass wir hier vorab die jeweils vorrätigen Lebensmittel eingeben müssen. Überflüssig zu erwähnen, dass die anhand verschiedener Parameter genau ermittelte Siedezeit des perfekten, weich gekochten Eis ebenso auf unserem Display erscheint wie die minutengenaue Abfahrtszeit des Busses dank unserer personalisierten Fahrplan-Anwendung. Und sollten wir ausnahmsweise mit dem Auto fahren, gibt's Verkehrs- und Routenplaner, Stau- und Radarwarner, Tankstellenfinder und Navigationshilfen. Ansonsten aber bleibt während der Busfahrt noch genügend Zeit, um unser Facebook-Profil auf den neuesten Stand zu bringen oder endlich den ersten Tweet des Tages abzusetzen.

Dass wir in der Arbeit ernsthafte Business-Apps nutzen, um zum Beispiel Dokumente zu scannen oder die fällige Präsentation noch mal zu überarbeiten, ist dagegen eher abwegig! Erstens ist unser Smartphone in aller Regel ja kein schnödes Diensthandy, sondern privates Statussymbol und somit eindeutig zu schade, um seinen Speicher mit einschläfernder Anwendersoftware zu beleidigen! Zweitens gibt's dafür einfach viel zu viele geile Spiele-Apps, die den gähnlangweiligen Bürojob zumindest ein bisschen erträglicher machen. Monat für Monat kommen Hunderte neue Titel auf den Markt. Egal ob simples Baller- oder aufwendiges Rollenspiel: Will man sich nicht mit einem völlig altmodischen Homescreen lächerlich machen, muss man appmäßig schon am Ball bleiben. Und wer sich erst mal durch sämtliche 48 Level von »Cordy 2« gedaddelt hat, für den ist auch schon bald Mittagspause.

Nach dem Lunch im neuen italienischen Bistro um die Ecke, dessen lahmarschigen und unfreundlichen Service wir natürlich umgehend auf »Qype« mit einem kurzen Verriss kommentieren, adden wir schnell drei neue »Freunde«, twittern unsere Meinung zur aktuellen Lage in Nahost, hauen ein paar Dutzend »WhatsApp«-Nachrichten raus und konzentrieren uns darauf, den heimischen Festplattenrekorder fehlerfrei zu programmieren. Anschließend widmen wir uns wieder Wichtigerem: unseren Bankgeschäften. Weil selbst die Stadtsparkasse Hameln längst eine eigene App hat, sind Überweisungen oder Daueraufträge per Smartphone eine Selbstverständlichkeit – was dazu geführt hat, dass wir mittlerweile ungefähr siebenmal am Tag den Kontostand checken, obwohl wir eigentlich keinerlei Buchungen erwarten und uns früher damit zufriedengegeben haben, maximal einmal im Monat zum Auszugsdrucker zu latschen.

Nun erscheint es uns an der Zeit, langsam den lustigen Feierabend-Countdown zu aktivieren. Diese Anwendung ist – wie etwa gefühlte 90 Prozent aller Apps – eine reine Spaßsoftware, die keinen weiteren Sinn hat, als ein bisschen Speicherplatz zu beanspruchen, was sie bei unserem Gehirn dafür aber wenigstens nicht tut. Der bunte Datenabfall umfasst Geräusch-Simulatoren aller Art, virtuelle Grillanzünder, Kaminfeuer oder Kerzenleuchter, vulgäre Trinkspiele oder Programme, die aus den Fotos in unserem Bilderordner adipöse Grimassen erstellen können. Auffällig ist, dass die meisten dieser sogenannten Fun-Apps sich mit dem Dreiklang Saufen, Rülpsen und Furzen befassen. Also rödeln wir noch unauffällig ein paar Minuten »Poop Analyzer«, dann lassen wir uns lieber ein paar ernsthaftere Anregungen geben, wie und wo wir unsere spärlich bemessene Freizeit ausfüllen könnten.

Das geht nicht nur mit den zahllosen, technisch eher primitiven Apps von Kinos, Restaurants oder Theatern weltweit. Sondern viel ausschweifender mit umfangreichen Community-Programmen, die uns für die geplante Aktivität im Idealfall ein paar Gleichgesinnte vorschlagen, die dasselbe vorhaben. Dass das in den meisten Fällen von Männerseite aus blöderweise Bumsen ist, davor warnt immerhin der zumindest bei Apple übliche und überaus ulkige Warnhinweis auf »häufig/stark ausgeprägte Szenen mit erotischen Anspielungen« sowie »sexuellen Inhalten oder Nacktheit«. Aber wird sind ja Gott sei Dank schon groß – was in diesem Fall bedeutet: über 17 – und dürfen selbst derart jugendgefährdende Inhalte auf die Kiste laden!

Tatsächlich ist das iPhone oder auch das Android-Gerät trotz aller von den Herstellern verordneten Prüderie natürlich auch im Bett der erste Berater in allen L(i)ebenslagen. Auch wenn bösartige Gerüchte das hartnäckig behaupten, sendet iTunes bei der Eingabe des Wortes »Sex« in die Suchmaske keine umgehende Meldung ans Apple-Hauptquartier. Stattdessen tauchen dann ein paar Hundert zotige Apps auf, die sich hauptsächlich mit mehr oder minder originellen Gymnastikübungen während der Ausübung des Akts befassen. Oder mit schlechten Pornowitzen, vermeintlich kuriosen Beischlaf-Fakten oder wichtigen internationalen Kennziffern wie Brustgrößen und Penislängen. Ein Dirty-Talk-Trainer soll gar innerhalb weniger Minuten noch aus der verklemmtesten Paragrafenschubse ein wildes Luder machen.

Dass derartiger Nippes wirklich zum Erfolg führt, glauben wahrscheinlich nicht einmal die Hersteller. Etwas ernsthafter mit der trauten Zweisamkeit befassen sich da schon Fruchtbarkeitskalender, Zyklusplaner oder Eisprung-App und versuchen, für Verhütung oder eben Nachwuchs im Digitalzeitalter zu sorgen. In die Programme eingetragen werden müssen sämtliche relevanten weiblichen Daten wie Periodenbeginn, Körpertemperatur oder Schleimhautbeschaffenheit, und schon fängt der Koituskalkulator das Rechnen an. Besonders praktisch: Wenn die Frau zwar gerade empfängnisbereit ist, aber leider ihren Mann nicht zur Hand hat, kann sie den Geschlechtspartner ihres Vertrauens per integrierter Nachrichtenfunktion über den derzeitigen Status informieren. Und wenn's am Ende wirklich geklappt haben sollte, bekommt die werdende Mami auch noch den genauen Geburtstermin berechnet – und unter Umständen ein paar nützliche Verbraucherhinweise, wo sie günstige Windeln oder den nächsten Baby-Fachmarkt findet.

Denn hier befindet sich der erste kleine Haken an der ganzen Angelegenheit: Die meisten Apps sind zwar kostenlos. Aber beileibe nicht umsonst. Eine normale Softwareklitsche hat in aller Regel nichts zu verschenken. Daher finden wir immer häufiger kleine Banner in unseren Anwendungen, »In App Advertising« genannt, die in ihrer harmlosen Variante einfach auf den Anwender abgestimmte Werbung aufs Telefon schießen, im ärgerlichsten Fall jedoch eine Schadsoftware auf dem Gerät installieren könnten. Selbst Apple geriet mehrfach ins Kreuzfeuer der Kritik, weil der Konzern es bei seinen Updates immer wieder toleriert, dass die individuelle iPhone-Geräteerkennung von Softwareanbietern teilweise recht aggressiv für Werbezwecke genutzt wurde. Manche Apps blenden unaufhörlich PR-Fenster in der Benachrichtigungsleiste ein, andere wiederum verändern automatisch die Browser- oder Desktop-Einstellungen. Schätzungen zufolge sind zumindest bei Android-Geräten fünf Prozent aller Apps gefährliche Daten-Spione! Klar ist: Wo viel Platz ist für Programme aller Art, da sind natürlich noch mehr spezifische Informationen über das Nutzerverhalten, die wahrscheinlich deutlich mehr über uns aussagen, als wir selbst über uns wissen!

Unsere digitalen Fußspuren, die wir alleine per App hinterlassen, sind verdammt tief. Niemand kann oder will uns genau sagen, was mit unseren höchst vertraulichen Infos passiert. Wo nur verbleiben all unsere aufgezeichneten Schlafgeräusche, die mühevoll katalogisierten Klamotten und die vielen anderen Fotos, unsere Lebensmittel im Kühlschrank, das Fahrplanprofil, die Abertausenden Nachrichten, die Zyklusdaten oder unsere verzweifelten Versuche, jemanden kennenzulernen? Sie sind ja ganz real existent – und selbst wenn wir sie wieder gelöscht haben sollten, liegen sie noch irgendwo auf einem Server herum oder schweben in der Cloud. Das *Wall Street Jorunal* deckte schon vor Jahren auf, dass das beliebte iPhone-Game »Angry Birds« Benutzernamen, Passwörter, Ortungsdaten und die einzigartige Telefon-ID an Drittanbieter übermittelt. Der Hersteller Rovio dementierte den Bericht zwar umgehend und behauptete, es würden lediglich statistische Daten gesammelt. Die angesehene Zeitung jedoch blieb bei ihrer Darstellung.

Auch die seit Jahren in der Download-Hitparade ganz vorn platzierte Musik-Erkennung »Shazam« geriet unter den Verdacht, ein bisschen mehr Nutzerdaten seiner immerhin 150 Millionen Anwender an den heimischen Server zu übertragen, als es für die bloße Identifikation des gerade gehörten Liedes nötig gewesen wäre. Diese freche Schnüffelei ist durch die neuartige Funktion, wonach Shazam auch bei ausgeschaltetem Handy quasi im Hintergrund funktioniert und somit die ganze Zeit mithören darf, nicht gerade harmloser geworden. So werden im Extremfall 24 Stunden am Stück außer der Gerätenummer auch unsere unterschiedlichen Aufenthaltsorte und ähnlich vertrauliche Dinge an den Anbieter gesendet – der damit die Hoffnung verbindet, aus diesen Angaben Kapital schlagen zu können und im Zuge dessen die Gefahr in Kauf nimmt, der Datenkriminalität Tür und Tor zu öffnen.

Die Stiftung Warentest konnte zur gleichen Zeit dem Messengerdienst »WhatsApp«, immerhin inzwischen auf rund der Hälfte aller Android-Geräte und jedem dritten iPhone im App-Einsatz, nachweisen, die Namen und Telefonnummern seiner Nutzer unverschlüsselt an seinen amerikanischen Server zu übertragen. Die Folge dieser eher laxen Auffassung von Datenschutz: Selbst minderbegabten Nachwuchs-Hackern war es problemlos möglich, auf ganze Telefonbücher einzelner Anwender zuzugreifen. Darüber hinaus fanden sich im Internet immer wieder genüsslich veröffentlichte Anleitungen, die es Fachleuten mit finsterer Gesinnung ohne großen Aufwand ermöglichten, den Status eines jeden WhatsApp-Benutzers zu ändern. Zwar schloss der Hersteller die aufgedeckten Sicherheitslücken stets nach einigen Tagen wieder, doch hielt dieser beruhigende Zustand nie besonders lange an. Klar ist: Solange so viele Menschen derartige Programme nutzen, werden sie für Kriminelle immer interessant bleiben!

Oder wenigstens für mehr als zweifelhafte Spaßvögel. So wie jene Hobby-Hacker, die sich einst der nagelneuen App »Quip« annahmen, die sich schon kurz nach ihrer Veröffentlichung Zehntausende zum Preis von 99 Cent im AppStore heruntergeladen hatten – ein Schnäppchen, konnte man doch mit dem Programm die neuesten persönlichen Schnappschüsse kostenlos per MMS versenden, anstatt wie üblich dem Provider jedes Mal bis zu einen Euro in den Rachen zu schmeißen. Doch diese Ersparnis lohnte sich für die

Kunden nur bedingt: Nach der unbemerkten Attacke gelangten über 1200 private Bilder öffentlich einsehbar ins Netz; darunter auch zahlreiche Nacktfotos, die ein paar verliebte Mädchen eigentlich nur dem jeweiligem Herzbuben zusenden wollten. Zu allem Überfluss wurden die dann auch noch mit dem jeweiligen Facebook-Profil verknüpft, sodass alle Welt nachvollziehen konnte, wer genau da vor der iPhone-Kamera blankgezogen hatte.

Unabhängig von einzelnen schwarzen Schafen ist inzwischen generell klar, dass unsere Smartphones auf jeden Fall ein umfangreiches Bewegungsprofil von uns allen erstellen. Und zwar über aktivierte GPS- oder WLAN-Funktionen, das Einloggen in soziale Netzwerke oder aber die Standortdaten von mit dem Telefon geknipsten Fotos. Zwar behaupten sowohl die Hardware- wie auch die Softwarehersteller, dies alles finde anonym statt. Dass diese Daten jedoch mittels einiger mathematischer Kniffe durchaus einfach entschlüsselt werden können, zeigte eine in der US-Zeitschrift *Nature* veröffentlichte Untersuchung von Wissenschaftlern der Universität Harvard. Die Experten begutachteten 15 Monate lang die anonymisierten Daten von insgesamt 1,5 Millionen Kunden eines großen europäischen Mobilfunkanbieters – was wirklich eine Menge Holz war: Der Provider speicherte nämlich jedes Mal, wenn ein Handy bei einem Anruf mit einem der rund 6500 Funkmasten des Netzbetreibers verbunden war. Im Durchschnitt wurde so jeder Kunde immerhin 114 Mal im Monat geortet. Weil aber diese Profile derart einzigartig waren, reichten gerade mal vier zufällig herausgegriffene Zeit- und Standortdaten aus, um das vorher anonyme Bewegungsmuster einer konkreten Person zuzuordnen. Um dann noch deren richtigen Namen herauszufinden, müsste man dieses Muster lediglich mit einer zweiten Datenbank – wie etwa Facebook – abgleichen. Das macht doch keiner? Aber ganz sicher!

Apple ging da wie gewohnt von vornherein gleich einen Schritt weiter und ließ das iPhone gleich selbst ein komplettes Bewegungsprofil seines Besitzers erstellen. Was vor einiger Zeit für riesigen Wirbel sorgte, hätte eigentlich niemanden wundern müssen.

Immerhin steht schon in den Nutzungsbedingungen von iTunes, dass der Aufenthaltsort eines iPhone-Nutzers über die in der Nähe befindlichen WLAN-Netzwerke und Mobilfunkzellen direkt an Apple gesendet wird. Schade nur, dass sich diesen Katalog wahrscheinlich kein Mensch jemals vollständig durchgelesen hat. Nun aber hatten Datenschützer auch noch entdeckt, dass unser sündteures Lieblingsspielzeug all unsere Aufenthaltsorte in einer Datei auf dem Gerät abspeichert – die dann bei jedem neuen Back-up auf den Computer oder in die Cloud übertragen wird. Zerknirscht gab Apple zu, dass sich der Spuk gar nicht erst deaktivieren lässt, und beseitigte den Fehler eilig im folgenden Update. Dass aber über Jahre hinweg auf ein paar Meter genaue Bewegungsprofile von Millionen Menschen praktisch frei zugänglich waren, ließ sich dadurch auch nicht mehr rückgängig machen.

Künftig sind mit all diesen Infos sogar Voraussagen über künftige Aktivitäten möglich: Forscher der Universität Birmingham fanden das heraus! Mit geschickten mathematischen Modellen und den vorhandenen Standortdaten der letzten Monate soll sich eine immerhin auf 20 Meter genaue Vorhersage treffen lassen, welche Aufenthaltsorte der betreffende Nutzer in den nächsten 24 Stunden aufsuchen wird. So weiß irgendjemand da draußen, was man morgen vorhat – bevor man es überhaupt selbst weiß. Klingt komisch? Ist aber so!

Fernab aller technischen Raffinessen der Gegenwart oder der Zukunft droht uns schlussendlich auch noch eine ganz triviale Gefahr, wenn wir zu viele Details unseres Lebens in unserem Smartphone hinterlegt haben. Es soll ja durchaus schon ein paar Mal vorgekommen sein, dass Menschen ihre Handys verloren haben – beziehungsweise die Dinger in der Fußgängerzone, der Disco oder im Urlaub geklaut wurden. Dass wir in solchen Fällen wieder selbst unsere Klamotten zusammenstellen oder auf den Aushangfahrplan an der Haltestelle schauen müssten, ließe sich vielleicht noch verschmerzen. Was aber, wenn das Gerät jemandem in die Finger fällt, der Schindluder mit unseren Daten treiben möchte? Auch hierfür gibt es natürlich eine App, mittels der man per Fernsteuerung von jedem Computer aus den ganzen Inhalt seines Telefons schleunigst eliminieren kann. Diese Anwendung sollte man sich vielleicht wirklich herunterladen! Bei allen anderen Programmen aber ist zweimaliges Hinsehen angebracht, bevor man dem iPhone, dem Galaxy oder dem HTC sein Allerheiligstes anvertraut.

Banner, Targeting und Kundenkarten

Wie wir im Werbe-Tsunami absaufen

Hätten wir doch bloß niemals diesen abscheulichen ayurvedischen Tee mit Glücksgarantie für unsere spirituell anfällige Tante bei Amazon bestellt. Zwar hat sie sich, soweit wir uns erinnern, seinerzeit über die bunte Blechdose mit der leicht muffigen Mate-Mischung ziemlich gefreut. Wir jedoch sind seit diesem verfluchten Tag beim größten Online-Versandhaus der Welt offenbar als esoterische Spinner abgestempelt! Nichts läge uns ferner, als ein Buch über Hildegard von Bingen, tibetanische Heilsteine oder ein Pendel-Set zur Erlangung des inneren Gleichgewichts zu kaufen. Trotzdem bekommen wir jedes Mal, wenn wir das Internet-Kaufhaus aufrufen, groteske Produktempfehlungen vorgesetzt – von der Vorratspackung Räucherstäbchen bis zum Vaginalspreizer! Da nützt es auch nichts, regelmäßig den Cache zu leeren oder den Verlauf zu löschen: Wir können zwar bestimmte Funktionen deaktivieren oder besuchte Artikel aus unserer Empfehlungsliste entfernen. Was wir aber einmal bei Amazon eingekauft haben, merken sich die geschäftstüchtigen Kerle aus Seattle bis in alle Ewigkeit. Endgültig raus aus der Nummer kommen wir erst dann, wenn wir unser Kundenkonto löschen.

Schon 2005 ließ sich der damals noch nicht ganz so gigantische Internet-Gigant das ominöse Verfahren patentieren. Seitdem analysiert Amazon anhand des Nutzerverhaltens seiner Kunden auf Teufel komm raus, was uns aus dem Sortiment von geschätzten 15 bis 20 Millionen Artikeln denn noch alles gefallen könnte. Welche konkreten Rechenkünste sich die Programmierer damals einfallen ließen, hält das profitable Unternehmen (zuletzt 55 Milliarden Euro Umsatz, rund 240 Millionen Euro Gewinn) natürlich nach wie vor streng geheim. Allerdings drängt sich uns immer wieder der Eindruck auf, dass die Methode ihre Schwächen hat. So bekamen wir einst nach dem Begutachten der ersten Staffel der *Simpsons* zu lesen:

Produktinformationen

Sie haben angesehen: „Die Simpsons Staffel 1"
Modellnummer: KJHG3724628375665
EAN/UPC: 65369874563
ASIN: B5463GFJH864

Ihnen könnten diese Artikel gefallen

„Die Simpsons Staffel 2", „Die Simpsons Staffel 3", „Die Simpsons Staffel 4", „Die Simpsons Staffel 5", „Die Simpsons Staffel 6", „Die Simpsons Staffel 7", „Die Simpsons Staffel 8", „Die Simpsons Staffel 9", „Die Simpsons Staffel 10", „Die Simpsons Staffel 11", „Die Simpsons Staffel 12", „Die Simpsons Staffel 13", „Die Simpsons Staffel 14", „Die Simpsons Staffel 15", „Die Simpsons – der Film"

Diese Empfehlungen waren sachlich natürlich vollkommen richtig, gleichzeitig aber wenig originell. Darauf, nach der ersten später auch die anderen 15 DVD-Boxen sowie den Kinofilm zu erwerben, wären wir wahrscheinlich auch selbst gekommen. Warum wir uns aber aufgrund unserer zweifellos vorhandenen Vorliebe für die gelbe Comicfamilie ausgerechnet noch für das *A-Team*, *Monk* und sogar das Katzenbuch *Bob, der Streuner* interessieren sollen, obwohl wir nachweislich an einer massiven Tierhaarallergie leiden, bleibt wohl für immer in den Tiefen des Amazon-Servers verborgen. Wahrscheinlich hat eben ein Spinner irgendwann mal das Zeug zusammen bestellt. Wir fanden es außerdem ziemlich seltsam, dass wir ab dem Tag, an dem wir unsere nagelneue 400 Euro teure iPod-Dockingstation von der Amazon-Verpackung befreien durften, jede Menge weiterer iPod-Dockingstations angeboten bekamen. Da hätten wir den Managern einfach mal zurufen wollen, dass das Ding zwei Jahre Garantie in ihrem eigenen Haus hat und wir zumindest die folgenden 24 Monate höchstwahrscheinlich kein Gerät dieser Art mehr bestellen werden. Aber das hätten die sicherlich sowieso nicht kapiert – es war ja bei der Küchenmaschine, dem Drucker und dem Teesieb genauso.

Das Beispiel aber zeigt, dass Amazon einer der fürchterlichsten Wegbereiter des Werbe-Tsunamis war, der uns seit Anfang des Jahrtausends mit voller Wucht überschwemmt hat. Denn trotz der offensichtlichen Beratungsmängel wurde das Verfahren von praktisch allen anderen Internethändlern von Autoscout über eBay bis Zalando imitiert. Aus diesem Grund können wir uns inzwischen vor störenden Pop-ups, aufdringlichen Reklame-Bannern oder penetranten Video Ads nicht mehr retten! So fahren ständig beim Aufrufen der allermeisten von uns besuchten Internetseiten französische Kleinwagen kreuz und quer über den Bildschirm, blinken Turnschuhe auf der linken Monitorseite und günstige Mallorca-Flüge auf der rechten. Dazu finden wir, sozusagen als Bonus obendrauf, täglich Dutzende Newsletter und Mails mit vermeintlichen Sonderangeboten, wenig originellen Aktionen oder unwichtigen Neuheiten in unserem Postfach.

Die Flut solch unerwünschter Offerten macht uns zunehmend aggressiv! Allein die Hälfte des weltweiten Mail-Verkehrs ist Spam – sagenhafte 260 Milliarden Stück pro Tag bestehen nur aus reinem Datenmüll. Und das, obwohl professionelle Firewalls schon über 90 Prozent davon im Vorfeld eliminieren. Immerhin lässt sich der Rest, der zu uns durchdringt, wenigstens mit einem kurzen Mausklick löschen. Doch dass wir nach einem einzigen Besuch im Online-Shop eines englischen Klamottenlabels die folgenden drei Monate tagaus, tagein exakt jenen schicken Kapuzenpullover vor Augen geführt bekommen, der in unserer Größe leider nicht mehr vorrätig war, treibt uns noch in den Wahnsinn!

Inzwischen geben rund zwei Drittel aller Internetnutzer an, genervt von jeglicher Art der Internetwerbung zu sein. Trotzdem investieren allein die deutschen Unternehmen rund 6,5 Milliarden Euro im Jahr in diesem Segment! Die wachsende Wut der Kunden ist den PR-Terroristen dabei egal. Angesichts des immer stärker wegbrechenden Werbemarktes in den klassischen Medien bleibt der Industrie gar nichts anderes übrig, als alles auf die digitale Karte zu setzen – auch wenn dem einen oder anderen sensiblen Verbraucher früher oder später der Schädel vor dem Laptop wegfliegt. Die elektronische Reklame hat nämlich aus Sicht ihrer Schöpfer einen entscheidenden Vorteil: Sie lässt sich nicht so einfach umblättern wie eine Anzeige in der Zeitung. Und das wissen die Verantwortlichen nur allzu genau. Zwar müssten wir eigentlich streng genommen der Zusendung jeder einzelnen Werbemaßnahme vorab zustimmen. Doch schon ein einzelner Einkauf in einem Online-Shop stellt vereinfacht gesprochen juristisch gesehen ein solches Einverständnis dar, das wir erst umständlich widerrufen müssten, wollten wir nicht mehr von diesem Anbieter behelligt werden. Dass dieser unsere Adresse, die Telefonnummer oder andere interessante Einzelheiten, die niemanden außer uns etwas angehen, unter Umständen schon weiterverkauft hat, ist zwar ebenfalls nicht rechtmäßig – bekommen wir aber zur Sicherheit meistens gar nicht erst mit. Wer liest sich schon genau die ellenlangen AGB auf einer Versandhaus-Seite durch, wenn er nur schnellstmöglich das reduzierte T-Shirt seiner Wahl anziehen möchte?

Besonders übel geht's – wie nicht anders zu erwarten – in den sozialen Netzwerken zu. In Sachen Werbung haben Facebook und Co. die Knechtschaft der Konsumenten in den letzten Jahren noch erheblich verschlimmert! Trotzdem wächst auch hier die Sorge vor einer schwindenden Akzeptanz der Verbraucher. Nur mit einer Online-Anzeige allein lässt sich im voranschreitenden 21. Jahrhundert kaum noch ein Nutzer auf gewerbliche Inhalte locken. Facebook ist deshalb inzwischen vermehrt dazu übergegangen, die Werbung zu verschleiern. Das geschieht zum Beispiel durch die Einbindung in seine »Social Games«. Oder noch dreister: als vermeintliche Empfehlung eines »Freundes«. »Sponsored Stories« nennt das nimmersatte Unternehmen das, was auf den ersten Blick aussehen soll, als wäre es eine relevante Nachricht, sich bei genauem Hinsehen aber in Wahrheit aber nur als plumpe Propaganda entpuppt. Facebook selbst sagt dazu in gewohnt kryptischer Manier:

> **Achtung:**
>
> Gesponserte Meldungen sind Meldungen von deinen Freunden darüber, dass sie mit einer Seite, Anwendung oder Veranstaltung interagiert haben, für deren Hervorheben ein Unternehmen, eine Organisation oder eine Einzelperson bezahlt hat, damit die Chance größer ist, dass sie gesehen werden.

Wir dagegen sagen: Solange wir von Mister Zuckerberg keine Kohle dafür bekommen, für Unternehmen, Organisationen oder Einzelpersonen Werbung zu machen, empfehlen wir unseren »Freunden« mittels »Like«-Button, dem Einchecken an irgendwelchen Orten oder sonstigem interaktivem Schwachsinn am liebsten überhaupt nichts! Nur weil wir aus purem Versehen ein einziges Mal »Gefällt mir« auf der Seite unserer Bank gedrückt haben, heißt das noch lange nicht, dass wir uns von den Halsabschneidern für ihren 12-Prozent-Dispo vereinnahmen lassen. Doch während wir uns darüber vor dem Bildschirm noch grün ärgern, arbeiten die Facebook-Macher im Hintergrund schon wieder an neuen Methoden, die eingebettete PR so unauffällig und einträglich wie möglich zu machen. In den USA erlaubte der Konzern bereits einem namhaften Modelabel, die eigene Mail-Datenbank mit den Facebook-Daten abzugleichen. Bei uns schiebt die Gesetzgebung zwar noch einen Riegel vor. Aber die digitalen Doofmannsgehilfen werden schon einen Weg finden, diesen zu knacken. Außerdem wollen sie die verschiedenen Werbeformen immer mehr vereinheitlichen. Da klingt der Slogan auf der Seite »Wirb auf Facebook« wie eine Drohung:

> **Mehr als eine Milliarde Nutzer: Wir helfen dir dabei, dich mit den richtigen Nutzern zu verbinden**
>
> Menschen erreichen   Suche

Schade nur, dass der Nutzer selbst dabei nicht wirklich gefragt wird, mit wem er überhaupt verbunden werden möchte. Mit jedem einzelnen Polit-Kasper, der urplötzlich in unserem Newsfeed mit seinem aktuellen Statement zur Eurokrise oder der Lage in den Hochwassergebieten auftaucht, jedenfalls nicht. Wobei: Wir tragen eigentlich ohnehin eigenständig die Schuld an der unbefriedigenden Situation, weil wir unsere persönlichen Daten freiwillig ins Nirwana blasen. Dafür freilich müssen wir nicht mal in den sozialen Netzwerken angemeldet sein.

Es reicht schon aus, wenn wir unsere Lieblingssuchmaschine mit diversen Begriffen anfüttern. Und das ist ziemlich oft der Fall: Laut einer Erhebung des Marktforschungsinstituts Comscore werden in Deutschland gegenwärtig annähernd 96 Prozent aller Suchanfragen bei Google eingegeben, weltweit sind es nur ein paar Prozentpunkte weniger. Damit ist Google in seinem Metier quasi von Ägypten bis Zypern ein lupenreiner Monopolist, was die Problematik nicht unbedingt kleiner macht. Ganz zu Anfang unserer Internetkarriere haben wir uns angesichts der blütenweißen Startseite noch gewundert, wie dieser offenbar recht selbstlose Konzern wohl auf seine Kosten kommen würde. Inzwischen aber wissen wir, wie die Suchmaschine ihre mittlerweile drei Milliarden Dollar Gewinn pro Jahr einspielt: Jedes Mal, wenn wir etwas in die allwissende Leiste eingeben, bekommen nicht nur wir ungefähr 4 012 000 Ergebnisse. Gleichzeitig vergibt der freizügige WWW-Staubsauger auch jede Menge Cookies an den einzelnen Benutzer. Offiziell dienen diese kleinen Daten-Spitzel lediglich dazu, bestimmte Einstellungen für den Moment zwischenzuspeichern, um etwa den Seitenaufbau beim nächsten Mal zu beschleunigen. Tatsächlich aber verteilt Google automatisch eine für jeden Browser individuell zuordenbare und 30 Jahre lang gültige Nummer mit, was rein technisch gesehen eigentlich überhaupt nicht notwendig wäre. Wir dürfen also getrost davon ausgehen, dass auf diese Weise umfassende Langzeitprotokolle unseres Suchverhaltens angelegt werden, um daraus wiederum Rückschlüsse auf mindestens unser Konsumverhalten zu ziehen. Das kann durchaus auch im Hintergrund ablaufen, also abseits der Seiten, die wir eigentlich besucht haben. Was sich da im Lauf der Zeit alles ansammelt, sollte jeder regelmäßig in seinen Browser-Einstellungen kontrollieren: Einfach mal im Punkt »Datenschutz« den Unterpunkt »Cookies« anklicken – und gucken, welche Seiten Daten von uns gespeichert haben. Unter Garantie sind da massig viele dabei, von denen wir noch nie in unserem Leben etwas gehört haben. Die ganze Sauerei namens »Targeting« ist vereinfacht gesprochen so etwas wie eine digitale Stasi-Akte, die sich IM Google von der Industrie ziemlich teuer bezahlen lässt!

Was waren das noch für unbeschwerte Zeiten, zu denen wir bei einem Einkaufsbummel den immer ein bisschen zu aufdringlichen Verkäufer, der uns im renommiertesten Herrenausstatter am Ort partout ein pastellfarbenes Karohemd zum Nadelstreifenanzug aufschwatzen wollte, noch mit einem unmissverständlichen Kommando samt abwehrender Handbewegung zum Schweigen bringen konnten. Das aber geht in der virtuellen Welt nicht mehr! Und während sich der bedauernswerte Modeverkäufer vor einiger Zeit im Anschluss an den finalen Räumungsverkauf seines insolventen Arbeitgebers in die lokale Arbeitslosenstatistik einreihte, wurde das Targeting in all seinen unterschiedlichen Ausprägungen zu einer eigenen Wissenschaft mit goldenem Boden.

Ursprünglich war die Einbindung von Anzeigen auf einer Webseite nicht weiter aufwendig – und entsprechend banal: Auf einer Homepage über Sportwagen inserierte eben ein Porsche-Händler und auf einer Seite über die Mittelmeerinsel Korsika ein Reiseveranstalter, ähnlich wie in einer gewöhnlichen Zeitung eben auch. Mit solchen festen Platzierungen aber lässt sich derweil kein großes Geld mehr machen. Stattdessen entwickelten Google und Co. in den letzten Jahren immer ausgefeiltere Methoden zur Durchleuchtung der potenziellen Kunden – mit Erfolg: Rund 42 Prozent zumindest des amerikanischen Werbe-Umsatzes wandern einer Hochrechnung des Branchendienstes eMarketer inzwischen direkt in die Kassen der Suchmaschine mit dem ebenso lustigen wie sinnlosen Namen. Dafür kann man dann auch ein bisschen was programmieren!

Das »Semantische Targeting« etwa soll den User genau in dem Moment ansprechen, in dem er sich mit einem bestimmten Thema beschäftigt. Also erscheinen die Banner des Autoverkäufers und des Reisebüros auf vielen verschiedenen Homepages, die thematisch jedoch allesamt zu ihrer Klientel passen. Auf welchen Seiten genau die Einblendungen auftauchen sollen – das erkennt ein Adserver innerhalb von Sekundenbruchteilen.

Noch einen Schritt weiter geht das »Behavioral Targeting«, bei dem aus Kriterien wie der Verweildauer, der Produkt- und Markenauswahl oder dem Preisbewusstsein umfangreiche Rückschlüsse auf das Alter oder das Kaufverhalten des Konsumenten gezogen werden können. Der Cookie, den wir dank Google beispielsweise beim Besuch der Website eines Online-Modehändlers verpasst bekommen, bringt bei unserem nächsten Aufenthalt auf dieser Seite dann alle Daten mit, die wir in der Zwischenzeit woanders im Netz aufgegabelt haben. Und schon kann uns der Anbieter mit konkreten Kaufempfehlungen zuschütten, die er sich aus unseren gesamten Spuren zusammengebastelt hat. Die ebenso ausgeklügelte wie unverschämte Technik erlaubt es den Konzernen, dem Konsumenten in unschöner Regelmäßigkeit eine persönlich abgestimmte Reklame vorzusetzen. So kann es passieren, dass wir beim Surfen im Internet so lange und so oft das pastellfarbene Karohemd zu sehen bekommen, bis wir es tatsächlich entnervt dem schreienden Briefträger aus der Reklame abkaufen.

Doch das ist noch nicht alles! Das »Re-Targeting« ist schon eine Art virtueller Verfolgungsjagd, bei der ausschließlich jene User angesprochen werden, die bereits tatsächlich Produkte online eingekauft und somit ihre grundsätzliche Bereitschaft zu dieser Art des Konsums gezeigt haben. Wer also einmal oder mehrfach etwas bestellt hat, der sieht sich unter Umständen in den folgenden Tagen und Wochen einer gezielten Werbung für ähnliche oder exakt dazu passende Produkte ausgesetzt. Um das zu erreichen, durchforsten die Server entsprechender Anbieter enorme Datenmengen, die von den zuvor besuchten Online-Händlern zur Verfügung gestellt werden. So lässt sich auf diese Weise unter anderem feststellen, ob der Nutzer über einen Link oder direkt auf die Seite gelangt ist. Richtig fies wird das System dann, wenn ermittelt wird, wer etwa über einen Gutschein oder einen Rabatt-Coupon in einen E-Shop gelockt wurde. So ist es möglich, je nach Nutzer verschiedene Preise für ein und denselben Artikel anzubieten. Somit werden wir also nicht nur ausgehorcht. Sondern auch noch abgezockt. Aber wenn wir schon verarscht werden, dann wenigstens richtig!

Schon seit 2009 gelingt es Google, allein durch komplexe Berechnungen des Suchverhaltens seiner Anwender, eine Grippewelle in einem bestimmten Gebiet konkret vorherzusagen – und zwar schneller und genauer, als das jede Gesundheitsbehörde vor Ort könnte. Regionale Unterschiede herauszufiltern und zu analysieren ist für den Konzern längst keine Herausforderung mehr. Vielleicht können so auf einigen Feldern durchaus sinnvolle Prognosen und Maßnahmen getroffen werden. Ganz sicher aber sind die Anwendungsmöglichkeiten des »Big Data« derart umfangreich, dass unheimliche Begleiterscheinungen nicht ausbleiben werden. In diesem Zusammenhang mutet es daher auch ein wenig komisch an, dass die Enthüllung der NSA-Überwachung von Millionen Internetnutzern derart hohe Wellen schlug. Wieso sollten ausgerechnet Geheimdienste unser virtuelles Leben nicht durchleuchten, wenn das schlicht kommerziell ausgerichtete Suchmaschinen, soziale Netzwerke oder Online-Händler schon längst so handhaben – es ist doch ihr verdammter Job? Vielleicht braucht es die NSA auch gar nicht, weil Amazon anhand unserer Buchauswahl (*Der Anschlag* von Stephen King, *Ein schönes Attentat* von Barbara Linner und *Die Bombe is' eh im Koffer* von Achim Lucchesi) sowieso schon lange vermutet, dass wir ein ganz großes Ding planen! Vielleicht reimt sich Zalando angesichts der bestellten Funktionsklamotten sowie des robusten Outdoor-Zeltes zusammen, dass wir vorhaben, nach dem Angriff umgehend unterzutauchen. Und haben wir uns nicht erst kürzlich einen Chinesisch-Grundkurs auf iTunes downgeloaded? Mehr Informationen als diese können die Vögel von der National Security Agency und vom Bundesnachrichtendienst über uns auch nicht haben. Selbst wenn der frühere Sicherheitschef von Facebook heute für die paranoiden PRISM-Boys arbeitet.

Dabei bräuchten wir uns über diese Art der Datenerfassung im Internet und die sich daraus ergebende Konsumentenbeeinflussung überhaupt nicht mehr aufzuregen! Zumindest dann nicht, wenn wir schon jahrelang bereitwillig der Kassiererin im Supermarkt irgendwelche Kundenkarten ausgehändigt haben. Wer davon ausgegangen ist, diese bunten Plastikausweise seien allenfalls ein nett gemeintes Marketinginstrument, um uns auf einem hart umkämpften Markt als hochgeschätzte Kundschaft bei Laune zu halten, der glaubt wahrscheinlich auch noch an den Weihnachtsmann. Schon lange bevor die Online-Wegelagerer unseren Konsumgewohnheiten auf die Spur kamen, waren wir diesbezüglich so durchschaubar wie Plexiglas: Bereits im Start-Jahr 2000 fiel der Rabattkartenanbieter Payback den hiesigen Daten- und Verbraucherschützern negativ auf, weil die gebündelten Informationen eines gewöhnlichen deutschen Kassenbons (ein Sixpack Bier, zwei Tüten Milch, Cornflakes, Aufschnitt, Schmelzkäse und eine Schachtel Light-Zigaretten für 16,34 Euro) mehr oder weniger direkt auf dem Firmen-Server landeten. Heute besitzen fast 60 Prozent aller Haushalte eine Payback-Karte – und freuen sich alle paar Hundert Euro Umsatz über Keks-Ausstecher, Küchenwaagen oder Fieberthermometer. Angesichts solch nobler Gaben stört es wahrscheinlich die wenigsten, dass die Gegenleistung für den gemeinhin ziemlich wertlosen Tand unzählige kostbare Informationen über das eigene Kaufverhalten sind.

Herr unserer persönlichen Supermarkt-Historie ist der zu American Express gehörende Payback-Mutterkonzern Loyality Partner, der inzwischen wortwörtlich auf unsere Kosten beinahe eine Viertelmilliarde Euro Umsatz macht. Nach zahlreichen Gerichtsverfahren gab der TÜV Payback inzwischen datenschutzmäßig zwar grünes Licht. Das bedeutet aber nicht, dass keine individuellen Profile mehr von den Kunden angelegt werden. Sondern nur, dass diese eben in den Gebrauch ihrer Angaben explizit einwilligen müssen. Das liest sich dann im Kleingedruckten offiziell so:

> **Infos zum Payback-Programm**
>
> Wenn Sie am Payback-Programm teilnehmen, werden Ihr voller Name, Ihr Geburtsdatum und Ihre vollständige Anschrift benötigt (Basisdaten). Die Basisdaten und eventuelle weitere freiwillige Angaben werden durch die Betreibergesellschaft zur Abwicklung des Programms erhoben, gespeichert und genutzt. Die Basisdaten, eventuelle freiwillige Angaben und ggf. deren Änderungen übermittelt Payback an das Partnerunternehmen, von dem Sie Ihre Karte erhalten haben (...) Setzen Sie Ihre Karte bei einem Partnerunternehmen ein, so meldet dieses die Rabattdaten (Waren/Dienstleistungen, Preis, Rabattbetrag, Ort und Zeitpunkt des Vorgangs) an Payback.

So können die derart legitimierten Rabattmuckel unter anderem aus der Kombination von Anschrift und Einkaufswert relativ genaue Rückschlüsse über etwa das Einkommen des Kunden ziehen. Da bekommt die Bedeutung des Firmennamens – Payback heißt auf Deutsch »Rache« – einen ganz anderen Klang. Und die von den Gründern wohl eher angedachte Übersetzung »Rückzahlung« relativiert sich bei näherem Hingucken: Die Verbraucherzentrale Nordrhein-Westfalen hat einmal ausgerechnet, dass ein Payback-Kunde schon für rund 150 000 Euro tanken müsste, um die nötigen Punkte für den annoncierten Flachbildfernseher zu sammeln. Viele solcher Geräte jedenfalls hatten die Anbieter sicher nicht auf Lager.

Bald sind die ganzen Karten ohnehin schon wieder kalter Kaffee – und der Geldbeutel, in dem sie stecken, gleich mit: Nicht nur, dass wir uns praktisch alle relevanten Programme wie »Miles & More«, »Happy Digits« und so weiter längst als App aufs Smartphone laden können. Auch die Bezahlung an sich soll in nicht mehr allzu langer Zeit vorwiegend mit unserem Lieblingsspielzeug vonstattengehen, das einst ein langweiliges Telefon war. Nach Schätzungen des Marktforschungsinstitutes Gartner wurden weltweit im letzten Jahr bereits Transaktionen im Wert von mehr als 170 Milliarden Dollar mobil abgewickelt! Bei jährlichen Steigerungsraten von vermuteten 40 bis 50 Prozent soll sich so bis 2016 ein enormer Markt von 600 Milliarden Dollar auftun. Endlich fließt dann auf einem einzigen Gerät zusammen, was aus Sicht der Datensammler schon lange zusammengehört – inklusive des unmittelbaren Geldtransfers. Diese Konzentration wird die Auswertung für die Anbieter natürlich deutlich vereinfachen und weitere Schlüsse auf unser Verhalten zulassen, die wir uns jetzt gar nicht vorstellen können. Der gläserne Kunde der Gegenwart ist wahrscheinlich noch fast undurchsichtig im Vergleich zu dem der nahen Zukunft.

Dazu passt auch, dass Forscher längst an neuen Werbeformen tüfteln, während wir noch an lästigen Add-ons und Online-Bannern verzweifeln: So soll eine Methode namens »Bone Conduction« künftig allen Ernstes Botschaften von einer glatten Fläche aus direkt in unser Gehirn übertragen. Die in unserer Sprache etwas weniger cool »Knochenschall« genannte Technik nutzt das schon viele Jahrhunderte bekannte Phänomen einer vibrierenden Stimmgabel. Die sendet die Schwingungen eines Tons als Klang in den Kopf, obwohl das Ohr dazu gar nicht benutzt wurde. Erste Versuche, wonach Werbespots für den Bezahlsender Sky über die Fensterscheibe eines Nahverkehrszuges unhörbar für die anderen Fahrgäste in den Kopf derjenigen »projiziert« wurden, die sich an die Scheibe lehnten, fanden bereits statt. Anstatt unser ohnehin schon malträtiertes Gehirn für so einen Werbewahnsinn herzugeben, glauben wir vielmehr, dass den Wissenschaftlern, die sich so etwas ausdenken, jemand direkt ins Hirn geschissen hat!

Stupsen, Stalking, Pornosucht

Wie unser Beziehungsverhalten den Bach runtergeht

Wir waren gerade einmal fünf Minuten volljährig, da beschlossen wir, unter dem enthemmenden Eindruck mehrerer Weizenbiere und der obligatorischen Flasche Henkell Trocken von der Tanke das Unvorstellbare zu wagen: einen Besuch im einzigen Stripschuppen unserer Heimatstadt! So hatten wir uns das seit Beginn unserer Pubertät vier, fünf Jahre zuvor vorgestellt. Und so würden wir das jetzt gemeinsam mit unseren besten Kumpels durchziehen. Vor dem schäbigen Laden mit dem unzweideutigen Namen »Sexyland« schlotterten uns die Knie und wir hätten den furiosen Plan beinahe im letzten Augenblick wieder abgebrochen. Aber schlussendlich zückten wir in einer gefühlsmäßigen Mischung aus Stolz und Scham am Eingang unseren Personalausweis und durften gegen einen Obolus von zehn Mark den tätowierten Halbaffen an der Kasse passieren.

Kurz darauf standen wir zu viert in einem schummerigen und schlecht belüfteten Raum, in dessen Mitte sich eine Frau auf einer Drehscheibe vor einer Handvoll anderer Zuschauer gerade eine Sprühflasche Aldi-Sahne auf den Brüste verteilte. Nachdem wir den ersten hormonellen Schock überwunden hatten, verlor das »Sexyland« gleichwohl schnell seinen Reiz – was nicht nur an dem eher abwechslungslosen erotischen Programm lag, das sich auch bei den anderen Damen auf die Sahne-Nummer beschränkte. Sondern in erster Linie an den Bierpreisen von zwölf Mark für ein kleines Pils. Trotzdem haben wir diese erste leibhaftige Berührung mit den

Ausläufern des lokalen Rotlichtmilieus nie vergessen. Zwar waren wir seit dem ersten Sex mit Julia Wirzenbrink im Alter von knapp 16 Jahren Gott sei Dank keine Jungfrau mehr – und hatten seit dem unrühmlichen Ende der Beziehung sogar zwei weitere feste Freundinnen gehabt! Aber diese frontale, öffentliche Konfrontation mit dem Thema Sex war doch etwas ganz anderes als die privaten Fummeleien im Kinderzimmer.

Würden wir einem heute 13-Jährigen diese verbürgte Geschichte erzählen – er würde uns wahrscheinlich tröstend in den Arm nehmen ob unserer derart prüden und spießigen Jugend. Durch das Internet in all seinen freizügigen Ausprägungen kennt jedes Dorfkind bereits mehr Stellungen und Sexualpraktiken, als selbst Casanova es sich in all seinen feuchten Träumen hätte vorstellen können. Im Kino heimlich Händchen zu halten, mag aus Sicht vieler frühreifer Online-Erotomanen höchstens noch für zurückgebliebene Bettnässer die adäquate erste Anbahnung mit dem anderen Geschlecht sein. Zeitgemäße Teenager filmen sich lieber gleich gegenseitig beim nachmittäglichen Geschlechtsverkehr, stellen die selbstgedrehten Pornos später online oder tauschen sie untereinander auf dem Schulhof aus. Und wer im echten Leben dennoch keinen Partner abbekommt, für den bietet das WWW zahllose Möglichkeiten, seine seien es auch noch so perversen Fantasien auszuleben. Für die Gewissheit, dass all dies unserer Gesellschaft auf Dauer nicht bekommt, muss man nun wahrlich keine soziologische Ausbildung gemacht haben!

Schon das Kennenlernen findet heute nach vollkommen anderen Mustern statt, wie sie noch die Generation der gerade einmal 30- bis 40-Jährigen vor gut zwei Jahrzehnten gelernt haben: Eine von der Universität Chicago durchgeführte Untersuchung der Lebensläufe von knapp 20 000 jungen Erwachsenen ergab, dass über 30 Prozent der Befragten mit ihrem aktuellen Partner zunächst virtuell in Kontakt getreten sind. Lediglich 22 Prozent lernten den anderen am Arbeitsplatz kennen und nur 19 Prozent über den Freundeskreis. Das ist eigentlich ziemlich schade, denn früher musste man noch eine gehörige Portion Mut beweisen und seiner beziehungsweise seinem Angebeteten von Angesicht zu Angesicht gegenübertreten – oder wenigstens einen vertrauenswürdigen Freund mit der Übergabe einer Liebesbotschaft beauftragen. In unserem Fall haben wir knapp ein halbes Dutzend Anläufe allein auf der Jahrgangsstufenfeier aller neunten Klassen unserer Schule gebraucht, um Julia dort endlich zu gestehen, dass wir seit einer gefühlten Ewigkeit in sie verknallt sind. Wenn wir gewusst hätten, dass sie uns daraufhin gleich ihre Zunge in den Hals steckt, hätten wir uns das ganze Gestammel vorher sowie die ungefähr 100 knapp eineinhalb Sekunden dauernden und stets sprachlosen Anrufe bei ihr zu Hause auch sparen können.

Heute aber kann man sich in Liebesdingen hervortun, ohne wie wir damals in dezentem Purpurrot anlaufen zu müssen: Statt eines schüchternen Briefchens, das einst heimlich unter der Schulbank getauscht wurde, bedient sich die Generation Gangbang gerne den etwas zeitgemäßeren Kommunikationstechniken. Wer etwa durch Freundschaftsanfragen oder »Likes« den Kontakt einer naiven Schönheit bekommen hat, kann sich durch eine charmante SMS oder eine Facebook-Nachricht mit dem Wortlaut

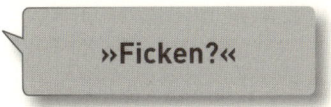

in vielen Fällen eine ganze Menge Arbeit ersparen. Ähnlich bequem kann man heute die Anbahnung beim anderen oder gleich beim eigenen Geschlecht vornehmen, indem man es anstupst.

Hinter dem letztgenannten Un-Wort versteckt sich der digitale Albtraum für alle altmodischen Romantiker: die automatisierte Sympathiebekundung für ein anderes Facebook-Mitglied. Die nervige Gaga-Funktion hieß ursprünglich etwas weniger poetisch »Anklopfen« und wird in der englischsprachigen Originalversion seit jeher als »Poke« bezeichnet, was sich am ehesten mit »herumstochern«

übersetzen lässt und den Kern der Sache eigentlich besser trifft. Facebook selbst definiert den Mist als

> **Achtung:**
>
> Funktion (...), die für unterschiedliche Zwecke verwendet werden kann. Zum Beispiel kannst du deine Freunde anstupsen, um ihnen Hallo zu sagen.

Das aber könnte man, warum auch immer, natürlich viel besser auch auf andere Weise – zum Beispiel indem man den anderen einfach mal wieder anruft oder ihm wenigstens eine kleine Nachricht schreibt, wenn's schon über das soziale Netzwerk laufen muss! In Wahrheit dient die trostlose Anstupserei vielmehr entweder den komplett Verklemmten zur Kontaktaufnahme – oder aber den notorischen Aufreißern. Die Angehörigen der neben Serienmördern, Kinderschändern oder Nekrophilen vielleicht gefährlichsten Gruppen im Facebook-Universum haben also eine ganz bequeme Möglichkeit, anderen Usern gehörig auf den Wecker zu gehen – sie müssen dazu nur kurz auf ihre Maus drücken!

Natürlich empfiehlt es sich, diesen Nonsens einfach zu ignorieren. Zwar erlaubt es Facebook erstaunlicherweise lediglich, seine »Freunde« anzustupsen. Dass sich aber darunter viele Menschen befinden, die sich in ihrem wahren Leben eine derartige Annäherung verbitten würden, haben wir ja bereits gelernt. Die Vorstellung, ein Fremder könnte auf diese seltsame Weise Anteil am eigenen Profil und damit am eigenen Leben nehmen, ist jedenfalls ziemlich unheimlich. Kriminologen betonen immer wieder, wie fließend die Grenzen beim noch immer oft unterschätzten Tatbestand Stalking sind. Ein nicht beantworteter Stupser muss freilich nicht zwangsläufig zu einer derartigen Psychose führen. Kann er aber – denn der Auslöser eines solchen Verhaltens ist in aller Regel eine prägnante Enttäuschung oder Abweisung, die der Täter zuvor durch das Opfer erfahren hat.

In den USA musste sich vor Kurzem erstmals die Justiz mit der »Poke«-Funktion befassen: Hausfrau Dana H. hatte gegen ihre Facebook-»Freundin« Shannon J. geklagt, weil diese sie regelmäßig auf alle erdenklichen Arten behelligt hatte. Das Gericht im Bundesstaat Tennessee gab Dana nach eingehender Prüfung des Sachverhaltes recht und untersagte Shannon mittels einstweiliger Verfügung jegliche Art der Kontaktaufnahme – egal ob am Telefon oder persönlich. Doch kaum saß die derart Belangte zu Hause am PC, stupste sie die Klägerin, in deren Freundesliste sie sich erstaunlicherweise noch befand, auf Facebook an. Was nach Aussage von Shannon nur ein kleiner Spaß nach all dem Streit sein sollte, brachte der 25-Jährigen wegen des Verstoßes gegen die einstweilige Verfügung eine mehrwöchige Haftstrafe ein! Das Urteil erzeugte landesweiten Wirbel, weil darin die virtuelle Kontaktierung erstmals mit einer aktiven Form der Bedrängung gleichgesetzt wurde.

Dabei ist das Anstupsen noch die harmloseste Variante digitaler Verfolgung. Schließlich eignet sich kaum ein Ort besser als Facebook, um anderen Menschen umfassend nachzustellen: Das neue Leben der Exfreundin, die aktuellen Fotos der Jugendliebe, die Freizeitbeschäftigung des Arbeitskollegen – all das können wir in den meisten Fällen vollkommen unkompliziert und ganz legal verfolgen. Das Netzwerk ist ein Eldorado für jeden Irren, der sich hinter einem gefälschten Profil verstecken und so das Objekt seiner Begierde erst ausspionieren und dann inkommodieren kann! Eine Studie des Zentralinstituts für Seelische Gesundheit unter 6000 Netzwerk-Nutzern ergab, dass rund 43 Prozent der Befragten mehrfach durch zudringliche Kontaktaufnahmen belästigt wurden. Die Opfer litten unter Stress, Ängsten und Schlafstörungen. Über 80 Prozent von ihnen waren weiblich, die meisten Täter folgerichtig Männer. So wie im Fall der Hochspringerin Ariane Friedrich, die über Monate hinweg auf ihrer Facebook-Seite von einem durchgeknallten Fan sexuell behelligt wurde. Dass sie zuvor für alle »Freunde« ersichtlich ihre sämtlichen Lebensgewohnheiten wie Trainingszeiten oder Essensvorlieben transparent machte, dürfte nach dem Öffnen einer obszönen Nachricht samt angehängtem Penis-Foto wohl der Vergangenheit angehören.

Wer nicht gleich unter den Nachstellungs-Paragrafen 238 StGB fällt, aber trotzdem in Sachen Beziehung partout nicht weiterkommt, indem er wildfremde Leute mit Anfragen penetriert oder seine paar Hundert Kontakte der Reihe nach anstupst, der muss im Datenuniversum freilich andere Hilfsmittel bemühen, um dem Single-Dasein zu entkommen – die zahlreichen Dating-Portale zum Beispiel. Rund 2000 verschiedene Anbieter tummeln sich bis dato alleine im deutschsprachigen Raum und werben um die 16 Millionen einsamen Herzen hierzulande. Bei vielen von ihnen ist die Verzweiflung nach jahrelangen Entbehrungen offenbar riesengroß. Nur so lässt es sich erklären, dass offenbar über sieben Millionen Erwachsene – so die von der Branche kommunizierte Zahl aktiver Mitglieder – tatsächlich daran glauben, ausgerechnet im Internet beispielsweise auf Akademiker oder Singles mit Niveau zu treffen. Also auf blitzgescheite Models wie etwa die 31-jährige, blonde und gertenschlanke leitende Angestellte Vanessa, die dem Benutzer auf der Startseite eines Portals entgegenlächelt und die komischerweise trotz eines herausragenden Intelligenzquotienten, des überdurchschnittlich bezahlten Jobs und der Traummaße 90-62-90 seit Dekaden keinen adäquaten Partner abbekommen hat.

Man darf getrost davon ausgehen, dass in kaum einem anderen Online-Geschäftsfeld derart dreist mit den Hoffnungen der Menschen gespielt wird wie hier. Das Ganze ist inzwischen ein überaus lukratives Business mit einem Jahresumsatz von knapp 200 Millionen Euro! Wie groß mag angesichts dessen und bei Mitgliedschaftskosten von bis zu 120 Euro pro Halbjahr wohl das Interesse eines geschäftstüchtigen Seitenbetreibers sein, seine Mitglieder schnellstmöglich mit dem idealen Partner zu verkuppeln? Daher stecken die Marktführer jeden verfügbaren Euro in die Werbung und gaukeln unter Zuhilfenahme skrupelloser PR-Experten und zahlloser professioneller Fotomodelle eine Welt vor, die es in Wirklichkeit so ganz sicher nicht gibt. Um in diese Welt eintreten zu dürfen, muss man dann auch noch sein Innerstes offenbaren und sein bisheriges Liebesleben preisgeben. Was hier alles an intimen Daten in die Anmeldemaske wandert, unterläge in einem echten Gespräch mit einem echten Partnervermittler ganz sicher der Schweigepflicht. Welche »psychologischen, anthropologischen oder soziologischen Kriterien« der schlaue Paarungscomputer dann letzten Endes aus dem von Amy Winehouse gesungenen Lieblingslied, Hobbys wie »Fußballgucken und Gartenarbeit« sowie der Leibspeise »Eierkuchen mit Erdbeermarmelade« tatsächlich zusammenwürfelt und für einen anderen als ideale Kombination errechnet, bleibt dem gemeinen Nutzer selbstverständlich für immer und ewig verborgen.

Die Seriosität vieler Portale lässt trotz des kollektiven Seelenstriptease oft mehr als zu wünschen übrig: Die Stiftung Warentest vergab in einem Vergleich von 14 Partnervermittlungen nur ein einziges Mal die Note »gut«. Die anderen Anbieter schnitten unter anderem deshalb teils miserabel ab, weil sie sich zu weitgehende Rechte an der Nutzung ihrer Kundenangaben einräumen oder bei der Datenübertragung viel zu wenig Sorgfalt auf die Verschlüsselung legen. Auch manche Geschäftsbedingungen sind nach den Erkenntnissen der Tester absolut unzulässig, weil sie für den Kunden nachteilige Klauseln zu Kündigungen oder Rücktrittsrechten enthalten. In der Regel gilt: Mit der vermeintlichen Traumfrau oder dem vermeintlichen Traumtypen kann man erst dann Kontakt aufnehmen, wenn die erste Kohle unwiederbringlich abgedrückt wurde. Und wer sich zu einer kostenlosen Probemitgliedschaft angemeldet hatte, der wurde mit Kontaktanfragen zugespamt, die natürlich erst dann sichtbar wurden, wenn der entsprechende Beitrag ebenfalls bezahlt worden war.

Auch mit der Wahrhaftigkeit der Mitgliederstruktur solcher Seiten dürfte es nicht weit her sein: Schätzungen zufolge sind bei den schwarzen Schafen bis zu zwei Drittel aller Mitglieder reine Fake-Profile. Sollte man sich dummerweise in ein solches Portal-Phantom verlieben, erscheint meist nur der lapidare Hinweis, dass die entsprechende Person leider vor Kurzem neu vergeben worden ist. Schade eigentlich, denn die jeweiligen Damen und Herren sehen seltsamerweise alle ziemlich scharf aus und befinden sich einkommensmäßig an der Spitze der sozialversicherungspflichtig

Beschäftigten. Kurios auch, dass bei Friendscout, Neu.de, Parship oder Elitepartner auch das Geschlechterverhältnis selbstverständlich stets mindestens ausgeglichen ist – obwohl in freier Wildbahn in jeder Durchschnitts-Disco auf jedes halbwegs ansehnliche Mädchen knapp zehn Stelzböcke mit Oberarmtattoo und Undercut kommen. Den wissenschaftlichen Beweis hierfür liefert eine Studie der Schweizer Universität St. Gallen, wonach immerhin 70 Prozent der Nutzer auf deutschsprachigen Kontaktseiten männlich sind. Ohnehin geht es den allermeisten der in solchen Portalen teilnehmenden Männer eher nicht um eine ernsthafte Beziehung, wie treuherzig angegeben. Sondern in erster Linie ums Poppen, während sich viele Frauen sich zwar gerne »Mäuschen77« oder »BeachBabe« nennen, in der Realität aber übergewichtige Alleinerziehende oder grundfrustrierte Mauerblümchen jenseits der 40 sind, deren letzte Kerle schon genau gewusst haben, warum sie einst das Weite suchten.

Langsam scheint immerhin das Ende dieses fragwürdigen Booms erreicht: Seit Kurzem wachsen die fünf größten Portale umsatzmäßig nicht mehr so stark an wie noch in den Jahren zuvor. Weil der Kuchen also blöderweise insgesamt nicht größer wird, haben sich manche Anbieter lieber gleich den Freaks angenommen. So existieren unterdessen eigene Dating-Plattformen für Hässliche (theuglybugball), Vegetarier (veggiecommunity), Übergewichtige (mollipartner), Seefahrer (seacaptaindate), Ärzte (doctor-dating), Star Trek-Fans (trekpassions) oder sogar für Schwaben (spaetzlesuche). Man kann also mit Fug und Recht behaupten, dass im Internet jeder noch so skurrilen Randgruppe unserer Gesellschaft der maßgeschneiderte Partner fürs Leben versprochen wird. Komisch, dass sich trotzdem die Zahl der Ein-Personen-Haushalte in den vergangenen 20 Jahren um 50 Prozent erhöht hat. Und selbst wenn die auf diese Weise vorgenommene Partnersuche am Ende erfolgreich verläuft: Wir sind sehr skeptisch, ob es evolutionsbiologisch wirklich erstrebenswert ist, dass sich ausgerechnet die Unansehnlichen, die Außenseiter und die Verrückten untereinander finden und schlimmstenfalls auch noch vermehren müssen!

Offenbar etwas größer als die Aussicht auf den Märchenprinzen oder die Traumfrau scheint zumindest die Chance zu sein, im Internet einen Sex-Gespielen zu finden: Gut vier Millionen Deutsche, Österreicher und Schweizer suchen inzwischen das unverbindliche Abenteuer auf einem Seitensprungportal. Ob unser Opa und unsere Oma in den 60 Jahren ihrer vorbildlichen Ehe einander immer treu gewesen sind, können wir zwar auch nicht mit hundertprozentiger Sicherheit beschwören. Dennoch sind wir sicher, nicht nur die beiden würden sich im Grab herumdrehen, wenn sie wüssten, wie offensiv heutzutage damit geworben wird, mal eben seinen Partner zu bescheißen.

Und das Bunga-Bunga-Business brummt: Allein der Marktführer Ashley Madison macht nach eigenen Angaben weltweit über 100 Millionen Dollar Umsatz! Dafür sorgen die dortigen knapp zehn Millionen registrierten Fremdgeher, die zwischen Büroalltag und heimischer Familienidylle noch mal eben kurz im Etap-Hotel an der Autobahnausfahrt einen wegstecken wollen. Abgesehen von etwaigen sittlichen Verwerfungen oder gepflegten Chlamydien-Infektionen ist diese Art der frivolen Freizeitbeschäftigung auch sonst nicht ohne Risiko: Zwar versprechen die meisten Unternehmen höchste Diskretion und buchen auf der Kreditkartenabrechnung die fälligen Beiträge unter eher unverfänglichen Betreffs wie »allgemeine Online-Dienstleistungen« ab. Weil aber vor allem bei Männern, die immerhin an die zwei Drittel der Zielgruppe solcher Fremdgeh-Seiten ausmachen, allein der Gedanke an Sex gerne mal das Hirn ausschaltet, wird in diesem Geschäft natürlich abgezockt, dass sich die Betten biegen. Normalerweise läuft das Ganze so ab, dass sich der paarungsbereite User mit dem üblichen Blabla plus seinen sexuellen Vorlieben registriert, woraufhin ihn nach kurzer Zeit zum Beispiel ein Mädchen namens Sophie (29) mit einem hinreißenden Unterwäschefoto als Profilbild anschreibt:

> **Freundschaftsanfrage** Freunde finden
>
> ### Sophie
> Hallo Süßer. Hab Deine Angaben gelesen und bin echt neugierig. Hätte Lust, mich mit Dir zu treffen und mich mal wieder richtig schön durchvögeln zu lassen. Wie sieht's aus?

Klar, dass jegliche Reaktion auf dieses unmoralische Angebot richtig ins Geld geht – bei manchen Popp-Portalen gleich mit bis zu 30 Euro pro Monat! Wer also trotz Sophies (29) offensichtlichem Interesse erst mal noch skeptisch bleibt und nicht umgehend reagiert, der bekommt kurz darauf eine weitere Mail von ihr, und zwar so sicher wie Berlusconi einen Berufungsprozess:

> **Freundschaftsanfrage** Freunde finden
>
> ### Sophie
> Hallo Süßer, ich hatte Dir doch vorhin geschrieben? Findest Du mich denn nicht attraktiv?

Auch die ähnlich attraktiven Damen Sandra (25), Laura (31) und Nina (20) melden sich plötzlich mit gleichlautenden Offerten, woraufhin in der Regel irgendwann die Geilheit über die Vorsicht siegt und die Kreditkartendaten samt dreistelliger Sicherheitsnummer über den Daten-Highway schießen. Danach allerdings kommt keine Nachricht mehr, nicht von Sophie und auch von sonst keinem der reizenden Girls. Auch dann nicht, wenn man dank seines inzwischen freigeschalteten Accounts selbst tätig wird und eine Begattungsbotschaft nach der anderen aussendet. Die 360 Euro für das erste Jahr sind jedenfalls futsch. Wer daraufhin erbost und fristgerecht für das Folgejahr wieder kündigt, erhält ein paar Tage später eine neue Meldung von Sophie – die zerknirscht mitteilt, dass sie in der letzten Zeit von anderen Männern sehr enttäuscht wurde und uns nun endlich treffen und bei dieser Gelegenheit auch gleich ordentlich ficken möchte. Manchmal hat man aber einfach auch ein denkbar schlechtes Timing – dabei hätte es doch so gut gepasst – welches sonstige junge und attraktive Mädchen steht schon kompromisslos auf einen Arbeit suchenden Mittvierziger mit Bierbauch, Oberlippenbart und Vorliebe für Dosenbier und Fußballbundesliga?

Noch unseriösere Anbieter als der Arbeitgeber von Sophie, Sandra, Laura und Nina verzichten dagegen rücksichtsvollerweise auf derart unglaubwürdiges Geplänkel – und locken ihre Kundschaft lieber gleich per erstem Mausklick in eine aufrichtige Abo-Falle, aus der es so leicht kein Entrinnen gibt: Die Bums-Betrüger drohen nämlich im Falle einer Nichtbezahlung gerne mit dem umgehenden Hausbesuch eines vorwiegend in der ehemaligen Sowjetunion tätigen Inkassobüros und wissen natürlich, dass viele Opfer schon alleine aus dem Grund die fälligen Gebühren rüberschieben, weil ihnen die ganze Geschichte entweder vor ihrer Frau, der Polizei oder einem Anwalt unangenehm ist oder weil sie die Hosen gestrichen voll haben.

Alleine der kommerzielle Erfolg solcher Erotik-Angebote zeigt, wie eklatant die Digitalisierung unseren Umgang mit Sexualität verändert hat. Dagegen war die Propagierung der freien Liebe seitens der Hippie-Bewegung in etwa so schamlos wie ein Disney-Musical am Broadway. Heute sind unfassbare 30 bis 40 Prozent des täglichen weltweiten Datenverkehrs von ungefähr einer Milliarde Gigabyte rein pornografischen Inhalts. Alleine fünf Prozent des gesamten Internet-Traffics stammen nach Berechnungen des Magazins *Extremetech* von den beiden marktführenden, frei zugänglichen

Sex-Portalen »Xvideos« und »Youporn«. Selbstverständlich sind wir Deutschen hier im internationalen Vergleich am aktivsten: Knapp zehn Minuten besucht jeder Internetnutzer zwischen 9 und 99 hierzulande täglich im Schnitt eine Schmuddelseite! Diese Zeit dürfte normalerweise dazu ausreichen, vor dem heimischen PC zum gewünschten Erfolg zu kommen. Dass unter den Betrachtern der vage geschätzten 400 Millionen Online-Pornos selbstverständlich jede Menge Minderjährige sind, macht die Sache nicht besser. Im Schnitt sind Kinder heute keine zwölf Jahre alt, wenn sie auf diese Weise die ersten Kopulationsfilme sehen. Der Zugang ist dabei keine Herausforderung: Der vorgeschaltete Hinweis auf die nötige Volljährigkeit lässt sich einfacher wegklicken als ein Zalando-Pop-up. Und selbst wenn die Eltern unter Umständen irgendwelche Webfilter eingerichtet haben, kann diesen selbst ein ungeschickter Halbwüchsiger mit ein paar Kniffen knacken. Mit der sexuellen Sozialisation vergangener Tage, die erst mit dem heimlichen Betrachten von Papas Playboy-Sammlung auf dem Speicher begann, mit Julia Wirzenbrink im Kino fortgeführt wurde und mit 18 schließlich im »Sexyland« ihren krönenden Abschluss fand, hat diese traurige Entwicklung also wirklich nichts mehr gemein.

Neurologisch gesehen liegt das Problem vor allem darin, dass unser Gehirn sich die sogenannten Lovemaps, also die umfassende Vorstellung von Sexualität, nach und nach selbst bilden muss. Den Takt für unsere Fantasie geben dabei die verschiedenen Bilder vor, die wir ab dem Kindesalter bewusst und unbewusst beobachten. Solche Bilder können die Umarmung der Eltern sein, der Zungenkuss der älteren Schwester, das Oben-ohne-Plakat von H&M – oder eben ein halbstündiges Gruppensex-Video auf »Youporn«. Je massiver die Bilder im frühen Stadium einer »Lovemap« ausfallen, desto größer ist die Chance, dass genau diese Eindrücke prägend für das spätere Verhalten ausfallen. Selbst wenn sich ein Jugendlicher an den Analverkehr, den er einst verstört und fasziniert zugleich auf dem Smartphone eines Klassenkameraden betrachtete, nicht mehr erinnern kann, kann diese Vorstellung noch Jahre später während der ersten sexuellen Erfahrungen das Verhalten beeinflussen.

Dazu kommt erschwerend, dass vom mehr oder weniger unspektakulären Blümchensex zwischen Männlein und Weiblein die knallharte Anal-Orgie, eine Massenvergewaltigung oder noch extremeres Anschauungsmaterial nur ein paar Klicks entfernt ist. Nach einem Bericht der Zeitschrift *Geo* fanden Wissenschaftler heraus, dass weniger die Pornografie an sich, sondern vielmehr die Art der Sexszenen das Verhalten der Jugendlichen prägt. Demnach können etwa Softpornos mithin die Aggression junger Menschen sogar mindern. Hardcore-Filme oder Gewaltpornos wirken der Untersuchung nach dagegen genau gegenteilig: Je häufiger sich Jugendliche derartigen Extremdarstellungen aussetzen, desto mehr verschwimmt die Realität mit der Fiktion – und die Betroffenen wollen sich auch im echten Leben ihre Befriedigung auf diese vorgeführte Weise holen.

Nur dass es dort leider oft nicht mehr so klappt, wie es soll: Wenn man mit 13 oder 14 den Geschlechtsverkehr bereits in ein paar Hundert Varianten gesehen, selbst aber noch keinen entsprechenden Erfolg beim anderen Geschlecht vorzuweisen hat, setzt das gewisse Druckmomente für das eigene erste Mal frei! Viele Jungen fühlen sich den körperlichen Anforderungen der vorgelebten Stellungswechsel nicht gewachsen. Die meisten Mädchen wiederum geraten in einen schweren inneren Konflikt, weil sie selbst aus Ekel oder Scham nicht mitmachen wollen, was sie zuvor in den Filmchen gesehen haben. Dank des Internet züchten wir uns also eine ganze Generation von Gefühlskrüppeln heran, die mit der täglich 24-stündigen Verfügbarkeit von Sex in jeder vorstellbaren Ausprägung aufgewachsen ist. Logisch, dass das Unrechtsbewusstsein dieser Kids in Bezug auf die Auswirkungen solcher Bilder nicht besonders stark ausgeprägt ist. Nicht nur Paris Hilton oder Britney Spears wissen nun, dass es besser gewesen wäre, ihrem zwischenzeitlichen Geschlechtspartner das Smartphone oder die Videokamera wegzunehmen: Unzählige auf den Pimperportalen hochgeladene Amateurvideos werden für immer und ewig die Wichsvorlage für Zigtausende Unbekannte bleiben. Oder noch schlimmer: für ein paar Bekannte. Heute sollte man sich zweimal überlegen, ob man mit dem begeisterten Hobbyfilmer mit den vielen Webcams in der Wohnung wirklich Schluss macht...

Beinahe konsequent erscheint in diesem Zusammenhang, dass es selbstverständlich längst spezifische Krankheitsbilder für die zumeist im wahren Leben eher einsamen Pornogucker gibt: Virtuelle Sexsucht ist nicht mehr nur ein verzweifelter Versuch abgehalfterter Schauspiel-Stars, endlich wieder ins Gespräch zu kommen. Sondern laut einer amerikanischen Studie trostlose Realität für immerhin rund ein vorwiegend männliches Prozent aller Online-Nutzer, die als prägnantestes Symptom dieses Leidens im Schnitt elf Stunden pro Woche auf Sexseiten verbringen und sich auf diese Weise die Flöte wundhobeln.

Immerhin kann man sich so selbst nicht mit irgendwelchen Krankheiten anstecken, was man von unseren Computern leider nicht behaupten kann: Gerade beim Cyber-Sex droht höchste Infektionsgefahr! Von den 100 gefährlichsten Webseiten in Bezug auf versteckte Schadprogramme, Trojaner und Co. befassen sich die Hälfte mit pornografischen Inhalten. Nach Recherchen eines Sicherheitssoftwareherstellers enthielten einzelne verseuchte Seiten bis zu 50 000 unterschiedliche Bedrohungen für unsere Rechner! So kann ein kurzer Blick in die obszöne College-WG die Festplatte für alle Zeiten ins Jenseits befördern.

Doch nicht nur im Elektronengehirn richtet die sexuelle Reizüberflutung großen Schaden an. Auch wir selbst leiden unter den Begleiterscheinungen der virtuellen Kontaktaufnahme – selbst wenn wir in einer intakten Beziehung leben! Hauptsächlich die Funktionen der sozialen Netzwerke haben Eifersucht und Misstrauen in ungeahntem Maß ansteigen lassen, selbst wenn dafür gar kein objektiver Grund wie einst der gute, alte Lippenstiftabdruck auf dem Hemdkragen vorliegt. Flirts mit den Exfreunden, Chats mit der Verflossenen oder die sehnsüchtige Betrachtung der Bikinifotos auf dem Profil der Nachbarin dürften keinem Partner gut gefallen. Psychologen zufolge sind Facebook und Konsorten in diesem Zusammenhang deshalb so gefährlich, weil wir hier lediglich eine oberflächliche Betrachtung vornehmen können, auf Zwischentöne aber verzichten müssen. Wenn wir also zu Hause via Facebook mitbekommen, dass unsere Freundin beim Mädelsabend ein Foto mit einem uns unbekannten attraktiven Typen gepostet hat, dürften die Irritationen erst mal groß sein. Ob der Kerl aber wirklich ein Nebenbuhler, der geschäftstüchtige Kneipenwirt oder aber der zufällig anwesende schwule Arbeitskollege ist, verschließt sich unserer Betrachtung. Und schnell gibt's Zoff, der gar nicht angebracht gewesen wäre! Nicht unwahrscheinlich, dass eine dauerhafte digitale Eifersucht am Ende zur Trennung führt: Die angesehene amerikanische Anwaltsvereinigung AAML fand tatsächlich heraus, dass mittlerweile jede fünfte Scheidung in den USA auf Facebook zurückgeht! Ähnliche Beobachtungen machten Juristen in Großbritannien.

Längst ist es auch Usus, eine lästig gewordene Beziehung selbst über Facebook zu beenden. So mancher, der mit dem schönen Status

eingeschlafen ist, wachte am nächsten Morgen auf und stellte fest, nur noch

zu sein – ganz ohne den schwärmerischen Zusatz »mit«, weil der überdrüssige Partner über Nacht seinen Status geändert hat! Laut einer Untersuchung des amerikanischen Jugendmagazins *Seventeen* beenden auf diese eher unpersönliche Art rund zehn Prozent aller Befragten ihr Liebesverhältnis. Angesichts dessen ist es kein Wunder, dass zumindest der Erfinder des Ganzen hier vorgesorgt hat: Der clevere Mark Zuckerberg ließ seine Rechtsberater einen umfangreichen Ehevertrag mit Gattin Priscilla ausarbeiten. Dieser soll verhindern, dass die akademisch ebenfalls ziemlich ausgereifte Dame irgendwann mit einem etwas leichtfüßigeren Konkurrenten und vor allem der Hälfte der heimischen Facebook-Aktien stiften geht. Immerhin hat sich der König aller Netzwerk-Nerds im Gegenzug zu einem Passus überreden lassen, der genau das verhindern soll: Laut Kontrakt ist Zuckerberg verpflichtet, wöchentlich 100 Minuten für nicht weiter definierte »Quality-Time« freizuschlagen – sowie eine ganze Nacht für Zweisamkeiten. Und das trotz seines zeitraubenden Berufes als weltweit gefragter Internet-Guru. Dass sich eine Frau ausgerechnet von ihm den Sex schriftlich zusichern lässt, das hätte sich der blasse Spätzünder von einst höchstwahrscheinlich auch nicht träumen lassen!

Fettsucht, Mausarm und Cyber-Mobbing

Wie die Technik uns kaputt macht

Es gibt Krankheiten, die sind so alt wie die Menschheit selbst. Obwohl die Natur noch frei von Umweltgiften war und die Nahrung keine Düngerrückstände, Hormone, Antibiotika oder sonstige fragwürdigen Beigaben enthielt, raffte unsere Vorfahren zum Beispiel schon der Krebs dahin: Der älteste bekannte Tumor setzte sich vor rund eineinhalb Millionen Jahren im Kiefer eines südafrikanischen Frühmenschen fest und brachte diesem nach einigen vermutlich qualvollen Monaten den Tod! Auf Java indes litten zahlreiche Eingeborenen bereits vor knapp 700 000 Jahren an Muskelschwund, während dem ein paar Zehntausend Jahre später in unseren Breitengraden lebenden Homo heidelbergensis nachweislich eine Zahnbettentzündung zu schaffen machte, zu der sich zu allem Übel auch noch eine schöne Arthritis gesellte.

Im Laufe der Evolution lernte der Mensch zwar erst aufrecht gehen und machte sich dann die Erde untertan, so wie es ihm im ersten Buch Mose geheißen wurde. Aber ob wirklich alles gut war, wie Gott nach dem Betrachten seines Werkes am Abend des sechsten Tages zunächst angenommen hatte, sei einmal dahingestellt. Das Siechtum des Menschen wurde jedenfalls trotz seines rasanten Werdegangs immer schlimmer: Üble Geschwulste und Deformationen wie Wasserköpfe konnten Anthropologen zum Beispiel bei 5000 Jahre alten Knochenfunden nachweisen, später kamen eine Vielzahl an Erb- und Infektionskrankheiten dazu – wie Typhus, Pocken, Masern, Tuberkulose und Syphilis. Als die verbesserte Hygiene und die Entwicklung der Medizin diesen Gebrechen mehr und mehr den Garaus machten, sorgten wir kurzerhand eigenständig dafür, dass den

Ärzten unter uns nicht die Arbeit ausging: An Zivilisationskrankheiten wie Karies, Herzleiden, Gefäßschädigungen, Diabetes, Bluthochdruck, Allergien oder Lungen- und Darmkarzinomen sind wir aufgrund falscher Ernährung, Bewegungsmangel, Rauchen und Saufen weitgehend selber schuld! Und als sei dies nicht schon Plage genug, verstärken seit einigen Jahrzehnten ausgerechnet die Maschinen, die uns dem eigentlichen Plan ihrer Erfinder zufolge das Leben hätten erleichtern sollen, noch die ganze Misere: Computer und Co. machen uns nicht nur blöd, sondern nach und nach auch noch kaputt!

Seit Anfang der Neunzigerjahre verbringt der gemeine Mitteleuropäer immer mehr Zeit vor dem Bildschirm – mehr Zeit jedenfalls als irgendwo anders in seinem Leben, außer vielleicht im Bett: Durchschnittlich sechs Stunden täglich sitzt jeder von uns inzwischen an irgendeinem Monitor – sei es im Büro oder aber Zu Hause. Dabei sind in diese an sich schon recht erschütternde Zahl noch all jene Glücklichen miteingerechnet, die sich zumindest während ihrer Arbeit nicht mit einem Computer zu befassen brauchen – wie Bademeister, Oberförster oder Eisverkäufer. Beinahe die Hälfte aller Erwerbstätigen muss sich aber notgedrungen schon im Job mit einem PC herumschlagen. Alleine diese Dauerbelastung an sich kann uns offenbar schon den Rest geben: Eine schottische Studie unter mehr als 4500 Angestellten ergab, dass diejenigen, die pro Tag über vier Stunden und mehr an einem Bildschirm verbracht haben, ein um 48 Prozent höheres Sterberisiko und ein um 125 Prozent höheres Risiko für Herzerkrankungen besitzen im Vergleich zu den Menschen, die allenfalls zwei Stunden ihrer kostbaren Lebenszeit dem PC opferten. Faktoren wie mangelnde Bewegung oder Übergewicht spielten in der Beobachtung der Mediziner übrigens keine Rolle!

Doch natürlich ist Letzteres zumindest die augenscheinlichste Auswirkung des technischen Fortschritts. Inzwischen ist mehr als die Hälfte unserer Bevölkerung zu dick. Dass schon Kinder aussehen wie Fleisch gewordene Medizinbälle ist kein Wunder, wenn die meisten Halbwüchsigen als einzig verbliebene sportliche Aktivitäten mit der rechten Hand die Maus umklammern, während sie mit der Linken nach der 1,5-Liter-Flasche Cola greifen. Während einer ganzen Stunde am Computer verbrauchen wir nur ungefähr 110 Kilokalorien – das ist nicht einmal halb so viel wie etwa beim Duschen. Eine miesere Energiebilanz haben eigentlich nur noch Tote! Eine nicht besonders überraschende, flächendeckende Untersuchung von Schülern in Bayern ergab, dass jene Kids, die viel Zeit vor dem Fernseher oder mit elektronischen Medien verbringen, doppelt so häufig unter Übergewicht leiden wie Gleichaltrige, die regelmäßig zumindest im Freien spielen. In absoluten Zahlen bedeutet das: Schon heute sind mehr als zwei Millionen Kinder in Deutschland korpulent, Tendenz steigend! Denn die zunehmende Zeit, die vor dem Bildschirm verbracht wird, steht Erkenntnissen von Sozialforschern zufolge in direktem Zusammenhang mit schlechter Ernährung. Wer viel im Internet surft oder wessen bester Kumpel »Playstation« heißt, der isst nachweislich unregelmäßiger, quantitativ mehr und qualitativ schlechter – vor allem, weil insbesondere Kinder oftmals deutlich intensiver auf eine Beschäftigung fixiert sind als Erwachsene und dadurch nicht überreißen, welche Mengen sie nebenbei verschlingen. Also, liebe Eltern, merkt euch endlich mal: Wenn euer kleiner Marvin mit zehn schon 70 Kilo auf die Waage bringt, dann liegt das verdammt noch mal nicht an den Genen oder den Drüsen! Sondern daran, dass er sich während »Fifa 2013«, »Skyrim« oder »Need for Speed« zwei Tüten Chips und eine Packung Mohrenköpfe in die Fresse schiebt!

Das bedeutet natürlich nicht, dass es nach dem Entwachsen aus dem Kindesalter vorbei ist mit den Gewichtsproblemen – im Gegenteil. Dann fängt das feiste Elend erst richtig an und steigert sich von dick zu fett. Noch vor 30 Jahren war die Adipositas, also die krankhafte Fettsucht, kaum verbreitet. Heute ist sie zu einem echten gesellschaftlichen Problem in nahezu allen Industrienationen geworden. Dabei hat sie nahezu ausschließlich soziokulturelle Ursachen. Am stärksten betroffen ist – neben den 60- bis 69-Jährigen – die Altersgruppe der 25- bis 29-Jährigen; also genau jene Generation, die vom

Siegeszug des Heimcomputers und der Spielkonsole voll erwischt wurde. Tatsache ist, dass der Anteil adipöser junger Menschen von Ende der Achtzigerjahre bis heute um knapp 50 Prozent angestiegen ist! Einhergehend mit dieser dramatischen Entwicklung sind selbstverständlich auch jede Menge gefährliche Folgeerkrankungen. Und während die Raucher in den meisten europäischen Ländern oder den USA inzwischen weitgehend geächtet werden, dürfen sich all die schwitzenden Couch-Potatos während des Internetsurfens oder beim Computerspielen weiterhin den Nährwert eines halben Schweins einweisen, ohne dass sie vom Gesetzgeber und den Krankenkassen dafür belangt werden. Dabei weist die Todesursache »schlechte Ernährung und mangelnde Bewegung« schon seit dem Jahr 2000 zumindest in den Vereinigten Staaten eine weitaus größere Steigerung auf als der Tabakkonsum.

Womöglich greifen all die maßlosen Fressmaschinen und Puddingdampfer ja auch nur deswegen so oft zu ungesundem Junkfood, weil sie Äpfel, Bananen, Karotten und Paprika gar nicht mehr richtig erkennen können. Dass unsere Augen unter schlecht eingestellten Monitoren, winzigen Smartphone-Bildschirmen oder knallbunten, schnell wechselnden Spieleoberflächen leiden, dürfte niemanden überraschen. Australische Wissenschaftler werteten für eine genaue Analyse zu diesem Thema insgesamt 40 internationale Studien von Augenmedizinern aus. Das Ergebnis: Die Kurzsichtigkeit hat in den letzten 30 Jahren signifikant zugenommen – allein in Europa haben inzwischen 35 Prozent der gesamten Bevölkerung einen derartigen Knick in der Optik. Die Ursache für die selbst gemachte Sehschwäche ist hauptsächlich, dass die meisten von uns zu nah an den Geräten sitzen. Unsere Sichtluken sind für eine ständige Nähe zum Zielobjekt aber leider nicht ausgelegt, weshalb die Netzhaut hier fortlaufend gegensteuern muss. Und schon nach ein paar Jahren einseitiger Belastung verschwimmen die Bilder vor unserer Nase mehr und mehr. Dazu jucken oder flimmern die Augen, was wiederum zu Schwindelanfällen oder Migräne führen kann. Ein weiteres Problem, das durch die überbordende Bildschirmarbeit am Sehnerv auftritt, ist das sogenannte trockene Auge: Laut einem

Bericht der *Pharmazeutischen Zeitung* konnte nachgewiesen werden, dass sich durch intensives und konzentriertes Blicken auf den Monitor der das Auge befeuchtende Lidschlag von fast zehn- auf etwas über viermal pro Minute verringert. Weil wir dadurch aber viel zu viel Tränenflüssigkeit verdunsten, kann es schnell zu entzündlichen Veränderungen kommen.

Da können wir lediglich darauf hoffen, den Weg zum Orthopäden zu erkennen, der wenigstens unsere Rückenschmerzen noch in den Griff bekommen soll, die wir aufgrund der permanenten sitzenden Tätigkeit inzwischen chronisch verspüren. Obwohl es kaum eine unnatürlichere Haltung gibt als die, die wir an einem Computer einnehmen, ist es den meisten Arbeitgebern schnurzpiepegal, wie sich unser Körper dabei verbiegen muss. Um das Schlimmste zu verhindern, sollten wir mindestens 50 bis 80 Zentimeter Abstand zum ausreichend hellen Monitor haben, Ober- und Unterschenkel sowie Ober- und Unterarm müssten sich im rechten Winkel zueinander befinden, Tastatur und Maus eine Ebene mit dem Ellenbogen bilden und der Raum tageslichtdurchflutet sein. Sollten Sie einen Chef haben, der seinen Mitarbeitern all diese Voraussetzungen erfüllt, darf man Ihnen getrost gratulieren – und den Vorgesetzten zum Arbeitgeber des Jahres nominieren. Denn an geschätzten 75 Prozent aller entsprechenden Arbeitsplätze werden diese Vorgaben nicht oder nicht ausreichend eingehalten! Auf teure ergonomische Möbel zu verzichten und auch nach dreimaliger Afa-Abschreibung noch die alten Röhrenbildschirme zu verwenden, spart der Firma kurzfristig vielleicht ein paar Piepen. Unsere Krankenkassen kostet die Behandlung der allein durch die falsche Sitzhaltung hervorgerufenen Beschwerden allerdings stolze 20 Milliarden Euro im Jahr.

Gegen all die Bandscheibenvorfälle, Wirbelsäulenverkrümmungen und verspannungsbedingten Qualen nehmen sich andere Technik-Wehwehchen geradezu niedlich aus. Trotzdem ist es aus biologischem Blickwinkel betrachtet überaus erbärmlich, dass der Mensch, der im Laufe der letzten Viertelmillion Jahre eine Menge tödlicher Seuchen und andere existenzielle Fährnisse zu überstehen hatte, sich heute einen Mausarm diagnostizieren lassen muss! Die im Englischen »Repetitive Strain Injury (RSI)« genannte »Sekretärinnen-Krankheit« entsteht bei einer dauerhaften einseitigen Belastung des zumeist rechten Armes – aber natürlich nicht nur bei diktatgeplagten Großraumbüro-Tippsen und dauergestressten Online-Brokern, sondern auch bei seit Jahren erwerbslosen Dauer-Daddlern. So lustig, wie die Diagnose erst mal klingt, ist sie allerdings nicht: Die Schmerzen können derart heftig ausfallen, dass man ihnen allenfalls noch mit einer Kortisonbehandlung Herr werden kann. Berufsverbände protokollierten in der Zwischenzeit sogar zahlreiche Fälle, in denen Patienten wegen der durch RSI ausgelösten Beschwerden depressiv und arbeitsunfähig wurden. In den USA und Großbritannien ist der Mausarm aus diesem Grund seit einiger Zeit als Berufskrankheit von den Versicherungen anerkannt.

Dieser offizielle Segen als neuartige Zivilisationskrankheit blieb dem SMS-Daumen bislang noch verwehrt! Bei diesem befremdlichen Befund geht es um die Überstrapazierung durch übermäßiges Tippen auf dem Mobiltelefon. Hauptrisikogruppe sind demzufolge die 14- bis 24-Jährigen. Erstmals nachgewiesen wurde die Diagnose bei einer 20 Jahre jungen Neuseeländerin, die sich im Jahr 2007 aufgrund einer akuten Sehnenscheidenentzündung in medizinische Obhut begeben musste. Die geplagte Frau konnte sich nicht recht erklären, wie es zu den Torturen in der rechten Hand kommen konnte. Als der behandelnde Arzt sie allerdings nach ihren Lebensgewohnheiten befragte, gab sie an, bis zu 100 SMS pro Tag zu verfassen – immerhin hatte sie einige Monate zuvor einen neuen Handy-Vertrag samt Nachrichten-Flatrate abgeschlossen. Was ihr der Doktor außer einer Salbe noch verschrieben hat, ist nicht überliefert – der Eintrag in die Medizingeschichte jedoch schon. Mittlerweile jedoch ist der SMS-Daumen keine Kuriosität mehr. Im Gegenteil: Diese so erstaunliche wie unnatürliche Fingerfertigkeit ganzer Generationen führt sogar bereits zu ersten Mutationen! Schon vor über zehn Jahren berichtete der *Spiegel* über britische Gelehrte, die bei Jugendlichen eine zunehmende muskuläre Veränderung des Daumens hin zu einem »gewöhnlichen« Finger beobachteten. Vielleicht sind uns diesbezüglich Schimpansen, Gorillas oder Orang-Utans bald einen Schritt voraus und haben künftig als einzige Säuger eine opponierbare Hand. Aber diese glücklichen Primaten müssen sich ja auch nicht mit einem Handy herumschlagen!

Unser geliebtes Mobiltelefon kann übrigens auch zu ganz anderen, eher unappetitlichen Begleiterscheinungen führen. Wenn Sie sich zum Beispiel schon mal gefragt haben, warum immer mehr Jugendliche ganze Pickelkulturen auf der Backe züchten, könnte das außer an der Pubertät oder diversen Nährstoffmängeln auch an deren iPhone liegen! Die Bakterien nämlich, die durch das ständige Fingerwischen auf den Bildschirm gelangen, wandern beim Telefonieren geradewegs vom Retina-Display auf die Wange des Benutzers. Besonders ekelhaft wird's, wenn Fäkalkeime in offene Wunden gelangen – was etwa dann nicht auszuschließen ist, wenn sich der ansonsten natürlich absolut reinliche Apple-Anhänger beim Rasieren geschnitten hat und einen Anruf bekommt, bevor er sich nach dem Toilettenbesuch die Hände waschen kann. Doch auch das Ohr als nachweisliche Körperöffnung ist in dieser Beziehung akut gefährdet. Kein Witz: Auf einem gewöhnlichen Smartphone-Display tummeln sich mehr Erreger als auf der Klobrille einer italienischen Autobahnraststätte! So untersuchte das *Wall Street Journal* zufällig ausgewählte Firmenhandys und fand darauf Kolonien von Kolibakterien, deren Gastgeschenk für unser Immunsystem unter anderem widerstandsfähige Durchfall- und Magenerkrankungen sein können. Doch auch eine handfeste Grippe oder eine hartnäckige Augenentzündung lassen sich auf diese Weise leicht einfangen. Wer sein teures Lieblingsspielzeug nicht durch ein Alkoholbad unbrauchbar machen möchte, dem bleibt zur Gefahrenabwehr im Grunde nur die regelmäßige UV-Bestrahlung. Aber wer macht das schon?

Etwas umstrittener als die medizinisch leicht nachvollziehbaren mechanischen Auswirkungen von Computern und Handy oder die bakterielle Bedrohung von Smartphones sind derweil die möglichen Folgen des viel zitierten Elektrosmogs für unser Wohlbefinden. Sicher ist, dass sich rund um den Computer – wie um andere Elektrogeräte auch – ein magnetisches Feld ausbreitet, während Handys, schnurlose Telefone und WLAN-Netzwerke ihrerseits ordentlich Strahlung an die Umwelt abgeben. Die Esoteriker unter den Wissenschaftlern sehen in den unsichtbaren Wellen, die uns nachweislich rund um die Uhr um die Melone schwirren, eine Art gesundheitliche Apokalypse. So behaupten nicht wenige Strahlungsexperten, kabellose Internetverbindungen würden uns fortlaufend Energie entziehen und außerdem kontinuierlich unsere inneren Organe erhitzen – mit fatalen Folgen für Biorhythmus und Organismus. Inwieweit genau wir uns alle in einer Art riesiger Mikrowelle befinden, die uns gegebenenfalls nach und nach weich kocht, ist ernsthaft schlichtweg noch nicht ausreichend erforscht. Komplett ausschließen lässt sich allerdings nicht, dass all die weißhaarigen Wünschelrutengänger am Ende des Tages doch recht behalten. Was leider auch keine besonders befriedigende Vorstellung ist. Immerhin könnten wir all diesen verhängnisvollen Auswirkungen der Moderne auf unsere Konstitution entgegenwirken – wenn wir denn wollten.

Bei einem anderen Auswuchs der Digitalisierung unserer Welt sind wir dagegen den Verrückten und den Arschlöchern beziehungsweise einer Kombination aus beidem schutzlos ausgeliefert: Nach Angaben des Meinungsforschungsinstituts Forsa leiden mittlerweile 36 Prozent aller Jugendlichen unter sogenanntem Cyber Mobbing – also der Diffamierung in sozialen Netzwerken und Chatrooms, per SMS oder E-Mail. Jeder fünfte Schüler wurde darüber hinaus direkt bedroht. Und bei elf Prozent der von Forsa befragten Teenager kam es zum Missbrauch ihrer Online-Identität. Die Folgen für viele Betroffenen sind verheerend!

Zugegeben: Als wir früher ab und zu unseren blassen Klassenstreber auf dem Pausenhof getriezt haben, hat das möglicherweise auch Kratzer in dessen Psyche hinterlassen. Allerdings war der fällige Einlauf, den wir vom zuständigen Vertrauenslehrer und anschließend von unseren Eltern bekamen, ebenfalls recht nachhaltig. Daraufhin haben wir uns entschuldigt – und zerknirscht für alle Ewigkeit mit den Hänseleien aufgehört. Genau das aber geht im Internet nicht so einfach. Selbst wenn ein Verursacher das irgendwann sogar wollte. Denn wie bei allen anderen Informationen auch gilt natürlich auch und erst recht bei Diskriminierungen aller Art: Was im Netz erst mal drin ist, das bleibt auch drin! Und eine wie auch immer geartete soziale Kontrolle gibt's dort erst recht nicht. Hier fehlt schlichtweg die direkte Konfrontation zwischen Opfer und Täter. Letztere benötigen außer einem Computer und ein bisschen krimineller Energie ja auch nichts weiter, um eine Katastrophe auslösen zu können.

Das Landeskriminalamt Hessen ermittelte wegen einer besonders böswilligen Facebook-Seite, auf der ein paar so schwachsinnige wie halbstarke Jugendliche dazu aufriefen, freizügige Fotos von Expartnern hochzuladen und identifizierbar zu machen:

XXXXXXXXX

Bitch

http.://Bitchfeind.de
Hier wird jede Bitch bestraft. Alle heimlichen Kahbas werden veröffentlicht! Wenn ihr welche kennt schickt uns ein Bild und ihre Geschichte und los geht's

 Vor 17 Stunden • Gefällt mir • Kommentieren • Teilen

 9.000 Personen gefällt das.

---

lautete der Aufforderungstext für rachsüchtige Alleingelassene. Binnen weniger Tage hatte die Seite bereits 9000 »Likes« und zeigte Hunderte Bilder von ganz oder zumindest teilweise nackten jungen Frauen sowie zahllose geistreiche Kommentare wie

XXXXX   Ey fuck man die wohnt neber mir schüchternste
        Mensch überhaupt hahahaha zu krass.
Vor 16 Stunden • Gefällt mir

Die Polizei schaltete die Diss-Page zwar schnell wieder ab, die Urheber jedoch konnten nicht ausfindig gemacht werden. Und selbst wenn – dann kommen demnächst eben ein paar andere Baumschüler mit einer ähnlichen Schweinerei um die Ecke.

Ein besonders schlimmes Beispiel, was ein solcher Online-Terror anrichten kann, ist das Schicksal von Amanda Todd, das vor zwei Jahren weltweit für Bestürzung sorgte. Das dunkelhaarige Mädchen aus Kanada war ein fröhliches und unbeschwertes Kind, bis es mit zwölf Jahren einen verhängnisvollen Fehler beging: Angestachelt durch die Kommentare eines anonymen Nutzers in einem Chat stellte sie ein kurzes Video ins Internet, das sie einen winzigen Moment oben ohne zeigte. Von da an brach die Hölle über Amanda herein: Der Unbekannte hatte das Filmchen gespeichert und erpresste sie, alles zu veröffentlichen, wenn sie ihm nicht weitere freizügige Aufnahmen zukommen lassen würde. Amanda lehnte ab, das Ganze landete im Internet – und damit natürlich auch umgehend auf den Smartphones und in den Mail-Postfächern ihrer Mitschüler! Um den Schmähungen zu entgehen, wechselte die Familie nach einiger Zeit den Wohnort, doch das verfluchte Video verfolgte das Mädchen weiter: Kurz nach dem Umzug tauchte ein gefälschtes Facebook-Profil auf, das ebenfalls die ominösen Bilder enthielt. Wieder kam es zu Spott und Beleidigungen. Die Folgen für Amanda Todd waren massive Schlaf- und Essstörungen sowie ein Suizidversuch. Als sie 15 war und dem Druck endgültig nicht mehr standhalten konnte, schrieb sie ihre Erlebnisse auf kleine Zettel. Sie nahm einen achtminütigen Clip auf, den sie auf Youtube einstellte und der anhand der Zettel ihre tragische Geschichte erzählte. Dann brachte sie sich um.

Bis heute haben den Clip knapp 20 Millionen Menschen gesehen. Trotzdem fallen immer mehr Kinder und Teenager virtuellen Attacken zum Opfer – vergleicht man ähnliche Untersuchungen von 2009 und 2012, haben sich die Fallzahlen in diesem Zeitraum verdreifacht! Es geht ja auch so herrlich einfach: Das Foto der zurückhaltenden, im Skilager aber ein einziges Mal sturzbetrunkenen Lisa ist bei Facebook, Twitter oder Instagram in zehn Sekunden hochgeladen. Die Behauptung, der 15-jährige, stille Paul sei außerhalb der Schule ein stadtbekannter Stricher, verbreitet sich per Instant-Messenger binnen weniger Minuten. Den Kommentar unter dem Porträt des verheirateten Geschichtslehrers, dieser habe ein Verhältnis mit einer neuen Kollegin, teilt umgehend die gesamte Oberstufe. So erfährt später vielleicht der Personalchef der angesehenen Versicherung, bei dem sich Lisa nach dem Abi bewirbt, dass sie sich in der zehnten Klasse mal über den Pyjama gekotzt hat, und schickt ihr deshalb die Unterlagen wieder zurück. Paul dagegen kriegt bei der Bundeswehr regelmäßig eins auf die Fresse, seit die Kameraden glauben, er sei schwul. Und die Gattin des Paukers reicht die Scheidung ein, weil sie das Misstrauen gegenüber ihrem Ehemann trotz seiner Beteuerungen nie mehr loswurde. Egal ob Wahrheit, Gerücht oder haltlose Lüge – ein einziger unbedachter oder böswilliger Klick kann heutzutage die Existenz eines anderen zerstören!

Dafür haben all die eierlosen Schlappschwänze endlich ein Forum, in dem sie ihre Minderwertigkeitsgefühle und Machtfantasien kompensieren können – indem sie sich über jene auslassen, bei denen sie abgeblitzt oder auf die sie neidisch sind. Zumindest in dieser Hinsicht könnten wir vom ansonsten eher weniger als gesellschaftlichem Vorbild geeigneten Tyrannenstaat Simbabwe lernen: Weil ein 17-Jähriger eine Mitschülerin auf Facebook als Prostituierte beleidigte, wurde das Netzwerk-Lästermaul zu zwei Stockhieben verurteilt! Wenn der vorlaute Bub wieder sitzen kann, wird er sich vermutlich zweimal überlegen, ob er noch mal jemanden online bloßstellen möchte.

Aber vielleicht ist das alles ja schlicht die ultimative Rache des einstmals isolierten Einzelgängers Mark Zuckerberg: Seiner (geklauten) Erfindung und den vielen Ableger-Produkten sei Dank, nimmt der psychische Druck auf viele von uns enorm zu! War es in unserer Leistungsgesellschaft bislang schon schwer genug, im realen Alltag zwischen Schule, Ausbildung und Berufsleben zu bestehen, müssen wir jetzt auch noch aufpassen, nicht vollends in der virtuellen Welt vernichtet zu werden. So wächst nun eine Generation nach der anderen heran, die in weiten Teilen schon im Jugendalter mehr mentale Probleme verarbeiten muss als die meisten Erwachsenen in ihrem ganzen Leben. Viele von ihnen werden als emotionale Wracks enden – oder selbst zum Täter werden: In den Niederlanden machte Ende 2012 ein Verbrechen Schlagzeilen, das als »Facebook-Mord« in die europäische Rechtsgeschichte einging. Weil sie von einer Gleichaltrigen über Wochen hinweg mit herablassenden Einträgen im Netzwerk beleidigt wurde, fasste die 16-Jährige Polly W. den Entschluss, die Verfasserin für das Internetmobbing bezahlen zu lassen. Also engagierte sie einen Killer, den sie – konsequenterweise ebenfalls via Facebook – über die Tat instruierte. Der Auftragsmörder tat, wie ihm geheißen, und erstach das Mädchen. Anders als in solchen Fällen üblich, ließ die holländische Justiz die Öffentlichkeit in dem Verfahren zu – wegen der besonderen Rolle der sozialen Medien, wie der Richter begründete. In Köln endete ein ähnlicher Streit zwischen zwei Facebook-»Freunden« zumindest »nur« mit einer lebensgefährlichen Verletzung. Hier hatte ein 28-Jähriger nach wochenlangen Online-Demütigungen seinem zwei Jahre älteren Kontrahenten ein Küchenmesser in den Hals gerammt, um sich für die fiesen Posts zu rächen.

Angesichts all dieser ernüchternden Tatsachen lässt sich konstatieren, dass sich die Menschheit irgendwie rasant zurückentwickelt, seitdem Computer, Handys und Smartphones massenhaften Einzug in unser Leben gehalten haben: Von der einst stolzen Krone der Schöpfung mit wachem Geist und flinken Gliedern werden wir zum aufgedunsenen, kurzsichtigen und psychisch verkrüppelten Etwas, das industriell hergestellten Nahrungsabfall in sich hineinstopft und dabei zuckerkrank, kurzatmig und depressiv seinem jähen Ende entgegensieht. Die Entwicklung lässt sich nicht mehr verleugnen: Wir sind echt ganz schön fertig!

Halt doch mal die #Fresse

Wie uns »Freunde« und Fremde mit Belanglosigkeiten bombardieren und das Internet jeden kleinen Scheiß unkontrollierbar macht

Neben der im wahrsten Sinne des Wortes breiten Masse an lethargischen Technikzombies hat das Digitalzeitalter aber auch noch eine andere gefährliche Spezies erschaffen, die es zweifelhaft erscheinen lässt, ob der Mensch wirklich als die am höchsten stehende Lebensform angesehen werden kann: die chronisch Mitteilungsbedürftigen. Gut – seit der Entwicklung der komplexen Sprache vor ungefähr 80 000 Jahren gab es schon immer Leute, die anderen gerne ein Ohr abgekaut haben und trotzdem die meiste Zeit alleine am Katzentisch in der Ecke sitzen mussten: Fremde, die uns im Wartezimmer Gespräche über die Unberechenbarkeit des Wetters aufzwingen wollten. Verwandte, die auf Familienfesten ungefragt von ihren zahlreichen Krankheiten erzählten. Unbekannte, die uns maßregelten, weil wir in der Straßenbahn unseren Walkman zu laut aufgedreht hatten. Und Bekannte, die nach jedem Wochenende mit ihrem Alkoholkonsum protzten. Das Schöne daran war nur: Wir konnten all die Labertaschen, Jammerfressen und Weltverbesserer einfach stehen lassen oder wenigstens mit Missachtung strafen!

Die Erfindung der sozialen Netzwerke jedoch katapultierte die krankhafte Logorrhoe und all die vielfältig an ihr Leidenden aus einer muffigen Nische unserer Gesellschaft direkt auf unsere Computer und Smartphones! Dort müssen wir uns jetzt mit einer unfassbaren Anzahl an Belanglosigkeiten herumplagen, die wir ansonsten niemals erfahren hätten – und vor allem niemals erfahren hätten wollen! Natürlich könnten wir den ganzen Mist auch irgendwo in den Einstellungen deaktivieren. Das aber ist saukompliziert und eigentlich auch nicht Sinn und Zweck der ganzen Social-Media-Sache. Immerhin liegt es zumindest im Bereich des Möglichen, dass Julia Wirzenbrink eines Tages auf diese Weise das Ende ihrer Beziehung mit ihrem Protein-Prinzen kundtut, was wir selbstverständlich auf keinen Fall verpassen wollen! Bis es jedoch endlich so weit ist, erfreuen wir uns den ganzen Tag lang unter anderem an Julias aufschlussreichen Statusmeldungen wie:

Status

Julia Wirzenbrink — 15 St.
Guten Morgäähn zusammen. Sind gerade aufgestanden und frühstücken gerade. Rolf hat frischen Saft gemacht ☺
Link

Julia Wirzenbrink — 15 St.
Mann! Voll getrödelt. Jetzt muss ich mich beeilen...
Link

Julia Wirzenbrink — 14 St.
Oh neiiiiin: S-Bahn verpasst. Komme zu spät zur Arbeit ☹
Link

Julia Wirzenbrink — 14 St.
Endlich da. Chef war ganz schön sauer auf mich ☹☹.
Link

Julia Wirzenbrink 10 St.
Mittagspause. Zeit für einen Kaffee!

Link

Julia Wirzenbrink 9 St.
Nerv! Noch vier Stunden Büro, dann ist endlich Feierabend!!!

Link

Julia Wirzenbrink 8 St.
Immer noch zwei Stunden – wann ist endlich Feierabend??

Link

Julia Wirzenbrink 7 St.
Die letzte Stunde bis zum Feierabend!!!

Link

Julia Wirzenbrink 6 St.
Endlich Feierabend ☺☺☺!!!

Link

Julia Wirzenbrink 5 St.
Nicht schon wieder!! S-Bahn verpasst. Komme zu spät nach Hause ☹."

Link

Julia Wirzenbrink 5 St.
Endlich zuhause. Rolf war ganz schön sauer auf mich ☹☹.

Link

Julia Wirzenbrink 4 St.
Zu spät zum Kochen, dafür Sushi vom Lieferdienst.

Link

> **Julia Wirzenbrink** 3 St.
> Mmmh! Sashimi, Nigri und Hoso Maki. Leckerleckerlecker!
>
> Link

> **Julia Wirzenbrink** 1 St.
> DVD mit Rolf geguckt: Ice Age 4. Er fand's voll cool, ich fand die ersten drei Teile besser!
>
> Link

> **Julia Wirzenbrink** 22 m
> Guts Nächtle Ihr Lieben. Kuscheln uns jetzt ins Bett ☺!"
>
> Link

Selbst bei nur einigen Dutzend »Freunden« neben Julia kommen da täglich Unmengen an geisttötenden Informationen zusammen, die wir – wenn wir sie schon nicht lesen wollen – zumindest irgendwie zur Kenntnis nehmen müssen. Schließlich könnte sich ja irgendwo unter all den unerträglichen Ultraschallbildern, den furchtbaren Fotos dekorierter Haustiere, dem abwechselnden Liebesglück und Liebeskummer, den peinlichen Porträts sämtlicher über den Tag eingenommener Speisen, den aufdringlichen Gruppennachrichten und dergleichen Stumpfsinn mehr auch ein einzelner halbwegs interessanter Post befinden. Zudem verschlingt selbst das Löschen dieses himmelschreienden Unfugs jede Menge kostbarer Lebenszeit, wenn wir damit überhaupt noch hinterherkommen. Es ist wirklich zum Verrücktwerden, auf welche hirnrissigen Ideen manche Tastaturquäler kommen:

Status

> **XXX** 8 T.
> Kein Witz! Du wirst am kommenden Wochenende die Liebe Deines Lebens treffen. Aber nur, wenn Du das hier kopierst und an all Deine Freunde weitergibst.
> Link

> **XXX** 4 T.
> Wichtig! Wichtig! Wichtig! Sag bitte schnell allen Freunden, dass Sie den Kontakt mit Gambo Gähn nicht annehmen sollen. Das ist ein gefährlicher Virus, der sofort die Festplatte löscht und sich alle Daten zieht. Wenn ihn einer von Deinen Kontakten erwischt, bist Du auch betroffen, weil er sich durch die ganze Liste frisst. Also kopiere das und setze es an Deine Pinnwand.
> Link

> **XXX** 3 T.
> Achtung! Hab's gerade im Internet gelesen: Jemand, der sich Kevin Klein nennt, stellt Kindern Freundschaftsanfragen hier bei FB. Er gibt sich als 13-jähriger aus, ist aber in Wirklichkeit ein 60-jähriger Pädophiler! Unbedingt weitergeben!!
> Link

Zu den derart aufgeregten Eilmeldungen gesellen sich dann in aller Regel noch:

— Beileidsbekundungen für uns vollkommen unbekannte Menschen,

— die offenbar unvermeidlichen öffentlich kundgetanen Liebesbotschaften an »Schatzi«, »Hasi« und »Schnuckel« oder

— die lückenlose Dokumentation sämtlicher Entwicklungsschritte des neugeborenen Drecksbalges.

Und wer Dinge wie

> **XXX** 12 St.
> Mir ist was megakrasses passiert!
>
> Link

postet, der kann auf unsere ausnahmsweise getätigte Nachfrage hin seine kryptische Antwort

> **XXX** 22 m
> Ich möchte da jetzt nicht drüber reden
>
> Link

wirklich stecken lassen.

Dass wir in Echtzeit oder manchmal sogar noch ein wenig schneller von vielen unserer Facebook-»Freunde« jeden feuchten Furz mitverfolgen können, ist aber nicht nur ungemein nervtötend. Sondern nicht weniger als eine veritable gesellschaftliche Revolution. Gerade erst hatten wir den vernünftigen Individualismus als Befreiung vergangener kollektiver Zwänge gefeiert, da rudern wir schon wieder zurück und unterwerfen unser vollständiges Leben einerseits einer riesigen Öffentlichkeit – und andererseits einem totalitären technischen System. Beides zusammen freilich ist so paradox wie unklug. Angesichts einiger Auswirkungen von Facebook und Co. auf unser Gemeinwesen möchte man manchmal sogar verwirrten Antipathen wie Kim Jong-Un, Gurbanguly Berdimuhamedow oder Xi Jinping recht geben, in deren Staaten der »Like«-Daumen offiziell tabu ist: Eine gewisse moralisch und ethisch bedenkliche Wirkung von Social Media auf unsere grundsätzliche Lebensanschauung lässt sich nicht ganz von der Hand weisen.

Und auch vor mehr oder weniger namhaften Störenfrieden bleibt der normale Nordkoreaner, Turkmene oder Chinese verschont. Bei uns hingegen haben sogenannte Promis aller Art endlich eine anspruchslose Plattform gefunden, auf der sie ihren Senf zu allem und jedem dazugeben können – ohne tagelang die geplagten Society-Redakteure von *BILD*, *Bunte* oder *Gala* mit quengeligen Bittgesuchen nerven zu müssen. Im Idealfall sind die so kommunizierten Neuigkeiten den Zeitungen und Zeitschriften gar im Nachklang noch eine Schlagzeile wert – ganz egal, wie dämlich diese den

Betreffenden auch erscheinen lassen mag. Bahnbrechende Netzwerk-News im Stile von

»Großer Facebook-Zoff: Mama Wollny schmeißt Jeremy-Pascal raus«

ist nun immer öfter dort zu lesen, wo eigentlich die Meldungen über die wirklich wichtigen Geschehnisse dieser Welt stehen sollten. Doch Facebook spült immer wieder neue profilneurotische Knallfrösche ans Tageslicht, die den Sinn ihres Daseins in der Dauerproduktion gepflegter Nebensächlichkeiten gefunden haben – denen wir uns dank der medialen Kollateralschäden selbst dann nicht entziehen könnten, wenn wir gar nicht dort registriert wären.

Das beinharte Schicksal der zum Dauergrinsen verdammten Holland-Barbie Sylvie van der Vaart, die Trennung irgendeines unehelichen Sohnes von Uwe Ochsenknecht kurz nach der Geburt irgendeines unehelichen Enkels von Uwe Ochsenknecht oder das zum x-ten Mal ausgebreitete Beziehungsgejammer von Lothar Matthäus wären ohne Facebook ebenso im Gully der Geschichte verborgen geblieben wie unzählige andere private Nicht-Nachrichten weiterer intellektueller Energiesparer. Doch es scheint für viele Stars und Sternchen inzwischen eine pathologisch veranlagte Sucht zu sein, sich im Internet umfassend zu exponieren. Kaum zu glauben, dass es einst Leute wie Caroline von Monaco gab, die sich ihr Recht auf Privatsphäre vor dem Europäischen Gerichtshof für Menschenrechte erstritten – nur weil die blitzlichtscheue Prinzessin beim Spaziergang mit ihren Kindern ungefragt abgelichtet worden war. Heute hingegen fotografieren in dieser Hinsicht weniger zimperliche Zeitgenossen wie Heidi Klum ihre sonnenverbrannten, nackten Arschbacken gleich selbst und stellen sie danach auf ihrem Account online. Frisch gestochene Tattoos, neue Frisuren oder das zu knapp geratene Strand-Outfit – auf diese oder ähnlich entwürdigende Weise stellt sich via Facebook jeder auch noch so ätzende Castingshow-Ausschuss zur Schau und schafft es zumindest auf irgendein Online-Portal einer personell schwach besetzten Regionalzeitung.

Durch diese Präsenz ist dann für die nächsten vier Wochen das Einkommen als Ehrengast auf der Flatrate-Party einer ostdeutschen Dorf-Disco wieder einigermaßen gesichert.

Eine florierende Branche von schmierlappigen Social-Media-Agenturen macht Millionenumsätze damit, dass selbst mentale Milchbrötchen wie Gina-Lisa Lohfink, Michaela Schäfer oder Georgina Bülowius durch ihre virtuelle Penetranz in der Presse landen. Logisch, dass die in Sachen Geschwätzigkeit ohnehin anfällige Gattung der Politiker auf diesen Zug nur zu gerne aufgesprungen ist: 90 Prozent der aktuellen Bundestagsabgeordneten haben einer Bitkom-Erhebung zufolge einen eigenen Facebook-Account – obwohl nur gut jeder dritte Bundesbürger der virtuellen Präsenz der Volksvertreter überhaupt eine Bedeutung beimisst. Dass Angela Merkel, Peer Steinbrück, Philipp Rösler und ähnliche Epistel-Produzenten ihre abwechslungslosen Botschaften auf diese Weise unters Wahlvolk zu bringen versuchen, mag zwar angesichts der sonstigen Fortschrittlichkeit der Dampfmaschinen-Rhetoriker grotesk erscheinen. Es ist aber immerhin plausibel. Richtig schlimm aber wird es, wenn jeder noch so unbedeutende Kommunal-Apparatschik meint, das große Weltgeschehen aus seiner persönlichen Sicht kommentieren zu müssen. Was aber ein grobporiger Provinzfürst aus – sagen wir mal – dem Kreisrat von Neumarkt in der Oberpfalz zum EU-Rettungsschirm zu sagen hat, ist nicht einmal die wenigen Bytes wert, die ein solcher Kommentar in unserem Prozessor beansprucht. So etwas hätte in Zeiten der guten, alten Presseerklärung nicht einmal den Weg vom Faxgerät zum Reporter-Schreibtisch geschafft.

Da erscheint es als kleine ausgleichende Gerechtigkeit, dass hier manch verhinderter Staatsmann immerhin mit Anlauf ins nächste Fettnäpfchen springt, weil er Namen verwechselt oder schnell mal einen launigen Nazi-Vergleich raushaut. Und hätte sich der bis dahin eher durch einen schlecht sitzenden Seitenscheitel in Erscheinung getretene CDU-Abgeordnete Christian von Boetticher nicht auf Facebook in eine 16-jährige Schülerin verliebt, wäre er heute wahrscheinlich Ministerpräsident von Schleswig-Holstein. Dabei hätte der hormongesteuerte Online-Casanova nur die Studie des Psychologischen Instituts der Uni Zürich aus dem Jahr 2009 zu lesen brauchen: Die Schweizer Forscher fanden schon damals heraus, dass Facebook-Verweigerer beruflich deutlich größere Erfolgsaussichten besitzen als Netzwerk-Nutzer.

Als seien jedoch die Abermillionen alltäglichen Trivialitäten bei Facebook nicht schon schlimm genug, haben die Geltungssüchtlinge dieser Erde sogar noch eine zweite wunderbare Gelegenheit bekommen, ihre Mitmenschen mit Nichtigkeiten zu behelligen: Twitter! Der erst vor sieben Jahren als Projektstudie gegründete Kurznachrichtendienst, der uns außer Unmengen an Bagatellbescheiden auch das unglaublich dumme Wort »Hashtag« beschert hat, erreicht insgesamt über 1,5 Milliarden Menschen. Angesichts dieser Zahl ist es nur folgerichtig, dass Twitter geradezu magnetisch auf all jene wirkt, die nach Anerkennung förmlich gieren. Erstaunlich ist dabei vor allem, welchen Unsinn man auf gerade mal 140 Zeichen in einem der sogenannten Tweets verdichten kann. Mag ja sein, dass der arabische Frühling ohne das organisierte Gezwitscher der tapferen Revolutionäre nie zustande gekommen wäre. Und vielleicht wären auch bei der Flutkatastrophe 2013 einige Sandsäcke weniger auf den aufgeweichten Deichen entlang von Donau oder Elbe gelandet. Vorwiegend aber setzen die allermeisten Twitter-Nutzer für ihre mal mehr, mal weniger große Schar an Followern genauso unerheblichen Quark ab wie unsere redseligen »Freunde« bei Facebook.

Nehmen wir nur mal Boris Becker: Wir waren gerade elf, als er das erste Mal Wimbledon gewann, schliefen fortan in BB-Bettwäsche und trugen seine komplette Puma-Kollektion, obwohl wir gar nicht Tennis spielten. Ohne Zweifel war Becker einer der größten deutschen Sportler aller Zeiten, und wir haben in etwa so respektvoll zu dem Mann aufgeschaut wie ein unerfahrener Bergsteiger am Fuße der Eigernordwand zum Gipfel. Irgendwann nach dem Ende seiner eindrucksvollen Karriere jedoch muss bei Boris eine Überfunktion des Hypoglossus aufgetreten sein – mit der Folge, dass ihm das bloße Sprechen nicht mehr ausreichte. Und so versorgte er die ihm folgende Fan-Gemeinde fortan mit substanziellen Informationen wie

---

Tweets

TheBorisBecker @alle 48 St.
Sometimes I wish I were a Woman

Link

TheBorisBecker @alle 24 St.
In München hat es heute geschneit

Link

TheBorisBecker @alle 18 St.
Mittagessen war gut, aber zu schnell

Link

TheBorisBecker @alle 10 St.
Back in the Lufthansa

Link

TheBorisBecker @alle 6 St.
Großer Bewunderer von Angela Merkel! Ich bin sehr stolz und werde Patriot, als Sie Friedensnobelpreis gewonnen hat!!!
Link

Spätestens seit dem letztgenannten seiner knapp 12 000 Tweets verfluchen wir den Tag, an dem aus unserem Idol BumBum Boris der schwatzhafte #TheBorisBecker wurde, und wenden uns mit Grausen ab, wenn er sich wieder mal zu den kleinen und leider auch großen Geschehnissen des Tages zu Wort meldet. Wir würden ihm deshalb so gerne zurufen:

> **Ich** @TheBorisBecker 2 St.
> Alter, was ist nur los mit Dir? Wenn Kim Kardashian so eine gequirlte Kacke ausstößt, ist uns das wurst, aber Du hast drei Mal Wimbledon gewonnen!!!
> Link

Aber wir können ihm einfach nicht mehr folgen.

Dass Twitter vor allem die seichten Informationsbedürfnisse bedient, zeigt schon alleine die nackte Statistik: Gemessen an Tweets pro Sekunde war das bewegendste Geschehen der bisherigen Historie die Ausstrahlung des 25 Jahre alten Zeichentrickfilms *Castle in the Sky* im japanischen Fernsehen (25 088) vor dem EM-Finale Spanien gegen Italien (15 538) sowie Madonnas Halbzeit-Auftritt beim *Super Bowl 2012* (10 245). Drei epochale Ereignisse also, über die sich offenbar umgehend mehrere Millionen Menschen austauschen mussten – aus welchen komischen Gründen auch immer. Die Tatsache, dass die kanadische Teenie-Tucke Justin Bieber mit 40 Millionen Anhängern den global beliebtesten Account vor Lady Gaga (38 Millionen) und Katy Perry (37 Millionen) besitzt, sollte Barack Obama und seinen mehr oder minder ernsthaft twitternden Kollegen zu denken geben. Bleibt nur zu hoffen, dass @justinbieber nicht irgendwann größenwahnsinnig wird und seine Follower zu irgendeinem aufrührerischen Blödsinn anstiftet. Die #Macht dazu hätte er wahrscheinlich sogar.

Angesichts der Kürze der Nachricht und der Einfachheit der Bedienung ist bei Twitter die Verlockung sogar noch größer als bei Facebook, sich im Minutentakt wichtig und gleichzeitig auch noch lächerlich zu machen. So posaunte die seinerzeit offenbar vom kleinbürgerlichen Charme Horst Köhlers verzauberte CDU-Politikerin Julia Klöckner das Ergebnis der Bundespräsidentenwahl 2009 noch vor der offiziellen Bekanntgabe heraus, verwechselte der nervöse Regierungssprecher Steffen Seibert den toten Taliban-Führer Osama bin Laden mit dem amerikanischen Präsidenten oder beleidigte der unzufriedene Nürnberger Profifußballspieler Róbert Mak seinen Trainer. Die Liste solcher Twitter-Pannen ist schier endlos. Da nutzt es wenig, dass viele Mitteilungsgenies ihre vorlaut abgesetzten Tweets kurz darauf ganz kleinlaut wieder löschen: Was ein paar Zehntausend Menschen oder mehr bereits auf dem Schirm hatten, das lässt sich nicht mehr aus der Welt schaffen! Erst recht nicht, wenn man bedientechnisch so unbeholfen ist wie der frühere New Yorker Abgeordnete Anthony Weiner, der sein Würstchen via Twitter anstatt seiner Gespielin gleich seinen 56 000 Followern auf den Account schickte.

Die von manch blauäugigem oder einfach nur notgeilem Nutzer oft fatal vernachlässigte Gefahr der blitzartigen Vervielfältigung einer kolossalen Peinlichkeit bedingt gleich noch eine zweite Bedrohung für das Ansehen: Facebook und das debile Zwitscherportal haben gemeinsam einem lautstarken Phänomen das Leben geschenkt, das den schönen Namen »Shitstorm« trägt und dessen Folge eine massenhafte Entrüstung über jeden ist, der es wagt, sich mit der Netzgemeinde in irgendeiner Form anzulegen. Obwohl schon 1962 in Ken Keseys berühmten Roman *Einer flog über das Kuckucksnest* verwendet, ist die ebenso unappetitliche wie treffende Begrifflichkeit erst in den vergangenen paar Jahren in unseren Breiten richtig bekannt geworden und schaffte es 2011 zum stolzen Titel »Anglizismus des Jahres«. Seitdem sehen sich zahlreiche Personen und Institutionen mit dem digitalen Fäkal-Unwetter konfrontiert – und wussten danach wahrscheinlich auch im tatsächlichen Leben nicht mehr, wie sie die ganze Scheiße wieder loswerden sollten.

Als einer der ersten machte die Deutsche Bahn mit der virtuellen Wut-Welle Bekanntschaft: Das Unternehmen bot im Jahr 2010 exklusiv im Internet ein sogenanntes *Chefticket* an, mit dem man für schlappe 25 Euro quer durch Deutschland fahren konnte. Ziel der PR-Aktion war, den gerade runderneuerten Facebook-Auftritt voranzubringen. Blöd nur, dass dieser zu jener Zeit vorwiegend von Gegnern des Großprojekts »Stuttgart 21« blockiert wurde. Die Online-Manager der Bahn kapitulierten schnell vor der Flut der fiesen Kommentare und machten das Ganze damit nur noch schlimmer.

Das »Chefticket« ging zwischen den empörten S21-Posts Zigtausender Nutzer vollkommen unter und wurde ein totaler Flop. Aufrichtiges Mitleid wollte deshalb bei kaum jemanden aufkommen – ebenso wenig wie kurz darauf in Sachen Vodafone: Eine Kundin hatte sich auf der Facebook-Seite des Mobilfunkanbieters über den gleichgültigen Umgang mit ihrer Beschwerde geärgert. Bevor Vodafone überhaupt reagieren konnte, kommentierten über 15 000 Menschen den Beitrag, 150 000 weitere klickten den »Gefällt mir«-Button – und aus einer einzelnen Reklamation war eine für den Konzern unangenehme Massenbewegung geworden. Subjektiv gesehen ließ es sich auch verschmerzen, als der offenbar recht arrogant agierende Michael Wendler im Internet mit Häme übergossen wurde. Vorausgegangen war in seinem konkreten Fall ein Bericht des TV-Senders RTL über einen Rechtsstreit des Schlager singenden Speditionskaufmanns mit einer Geschäftspartnerin. Noch während der Ausstrahlung wurde die Facebook-Seite »100 000 Menschen, die Michael Wendler scheiße finden« ins Leben gerufen, die rund 300 neue »Freunde« pro Minute hinzugewann. Am Ende seines ganz persönlichen Shitstorms sah sich der Musiker einer Viertelmillion Wendler-Hasser ausgesetzt – und einer breiten Folgeberichterstattung.

Auch wenn diese Vorgänge allesamt vielleicht keine Falschen getroffen haben mögen, sind sie doch mit Vorsicht zu genießen und im Grunde genommen auch zu verurteilen. Denn nicht jeder steckt einen solch heftigen Aufruhr gleichermaßen gelassen weg wie ein Milliardenunternehmen wie die Bahn oder testosteronreiche Zeitgenossen wie der Wendler. Und natürlich lassen sich derartige Klagestürme auch professionell konstruieren – und zum Beispiel als probates Mittel zur Rufschädigung einsetzen, die heftige finanzielle Folgen haben kann: Der Aktienkurs des amerikanischen Modelabels Abercrombie & Fitch zum Beispiel rutschte binnen weniger Tage um über zehn Prozent ab und erholte sich auch nicht mehr, nachdem eine Initiative über Twitter dazu aufgerufen hatte, die Kleidung der Marke an Obdachlose zu verschenken. Auslöser für #fitchthehomeless war eine Äußerung des Abercrombie-Vorstandsvorsitzenden Mike Jeffries, seine Sachen seien nur für coole, gut aussehende Menschen gemacht und daher nicht in großen Größen erhältlich. Vielleicht ist der Boss des Klamottenherstellers ja wirklich ein Arsch – das aber rechtfertigt es trotzdem nicht, die wirtschaftliche Grundlage einer gesamten Firma sukzessive zu ruinieren.

Zumal die Verfasser solcher Kampagnen meist vorzugsweise jene grauenvollen Gutmenschen sind, die uns schon seit Jahrzehnten im Bioladen, vor der Montessorischule oder an innerstädtischen Info-Ständen auf den Wecker gehen und deren liebste, weil einzige, Freizeitbeschäftigung ihres ansonsten freudlosen Daseins die kollektive Empörung ist. Zu spüren bekam das etwa die politisch völlig unverdächtige ZDF-Moderatorin Kathrin Müller-Hohenstein, der bei der Fußball-WM 2010 angesichts eines Tores des zuvor heftig kritisierten Miroslav Klose die Bemerkung herausrutschte, für den sensiblen Stürmer sei das bestimmt ein innerer Reichsparteitag gewesen. Die Folge dieser unbedachten Äußerung war eine wütende Twitter-Debatte sowie mehrere Facebook-Gruppen, die vom ZDF die Ablösung Müller-Hohensteins forderten. Dass die Deutschen das Spiel seinerzeit mit 2:0 gewannen, ging im Gebrüll der politisch Korrekten beinahe unter.

Auch FDP-Mann Rainer Brüderle wusste eines Tages nicht mehr, wie ihm geschah: Der leutselige Wirtschaftsminister hatte spätabends an einer Hotelbar eine *Stern*-Journalistin angebaggert. Diese rächte sich nicht, wie es vielleicht angebracht gewesen wäre, mit einer anständigen Ohrfeige. Sondern mit einem einige Monate später erschienenen Bericht, in dem sie Brüderle als lebenden Herrenwitz titulierte. Die Folge des Artikels war eine durch den Twitter-Beitrag #Aufschrei ausgelöste, wochenlange Debatte über Sexismus in Deutschland. Die alberne Diskussion nahm eine derartige Wucht an, dass man glauben konnte, Eurokrise, Bildungsnotstand oder Kinderarmut seien ein Fliegenschiss gegen den Umstand, dass der eine oder andere unerzogene Flegel einer Frau auf die Titten starrt.

Genauso absurd war der Shitstorm gegen das Kreditinstitut ING DiBa, dem in den sozialen Netzwerken nicht etwa vorgeworfen wurde, hilflose Sparer um ihre mühsam verdiente Altersvorsorge zu bringen oder mit den Mehreinnahmen aus der Dispo-Zins-Erhöhung Sex-Orgien zu veranstalten. Den Kritikern missfiel schlichtweg, dass die Bank den Basketball-Hünen Dirk Nowitzki in einem Werbespot eine Scheibe Aufschnitt verspeisen ließ! Alle blasierten Vegetarier und Veganer, die sich schon immer mal zu Wort melden wollten, taten dies umgehend auf der Facebook-Seite der Diba und fluteten deren Pinnwand mit hasserfüllten Postings. Das paralysierte Unternehmen konnte nichts weiter tun, als den hilflosen Hinweis

---

Status

ING-DiBa 32 m
Wir als ING-DiBa appellieren an Sie, unterschiedliche Meinungen mit größtmöglichem Respekt zu behandeln

Link

---

online zu stellen und zu hoffen, dass der Quatsch irgendwann ein Ende hatte – was erst ein paar Wochen später der Fall war.

Heutzutage haben dank des Internet Trolle, Saboteure und Provokateure ebenso eine wirkungsvolle Plattform wie jene Vertreter von Minderheitenmeinungen, denen bislang niemand zugehört hatte, wenn sie auf einem Papierkorb im Stadtpark standen und ihre kruden Thesen ins Nichts brüllten. Viele Menschen, die nicht einmal dazu den Mut hatten, suchen sich inzwischen auf dem Weg aus ihrer Bedeutungslosigkeit ein Themenfeld, das sich besonders dazu eignet, lebensbejahenden oder einfach vorurteilsfreien Mitmenschen den Tag zu versauen.

Nehmen wir nur mal den gewöhnlichen Blogger: Dieser ganz eigene und uns weitgehend suspekte Typus Mensch, den es so erst seit Anfang dieses Jahrtausends überhaupt erst gibt, setzt sich oftmals aus neunmalklugen Querulanten, zudringlichen Quälgeistern oder einer Kombination aus beiden Eigenschaften zusammen.

Nach Angaben des Marktforschungsinstitutes Allensbach betreibt bereits jeder elfte deutsche Internetnutzer einen Blog, weltweit sollen es schon über 170 Millionen sein. Das bedeutet natürlich auch, dass 170 Millionen Mal beinahe täglich aufs Neue die ungefilterte Meinung eines einzelnen thematischen Trittbrettfahrers ins Netz geschossen wird – egal, wie unsachlich und unsinnig sie auch sein mag.

Unter diesen Unmengen an öffentlichen Tagebuchschreibern, die offenbar viel Zeit und wenige Freunde besitzen, müssen wir zwei Arten unterscheiden: Die meisten von ihnen, etwa drei Viertel, zählen zu der etwas harmloseren Variante der »Personal Blogger«, machen sich also vorwiegend mit eigenen Erfahrungen und Ansichten wichtig – wobei zu beachten ist, dass sich darunter fast 70 Prozent Frauen befinden. Die Folge dieser einseitigen Geschlechterverteilung ist, dass sich praktisch jede zweite Chefsekretärin heute für die leibliche Reinkarnation von Anna Wintour hält und einen eigenen Modeblog befüllt, Diättipps erteilt oder Salatrezepte vorstellt. Unter den wenigen Männern dieser Blogger-Kategorie tummeln sich dann etwa unterbeschäftigte Schrebergärtner, die sich dank eines billigen Baumarkt-Barometers bemüßigt fühlen, Wetterbeobachtungen anzustellen. Oder übergewichtige Hobbykicker, die sich trotz des Konsums von sechs Flaschen Pils am Tag für den einzig wahren Bundestrainer halten.

Gefährlicher als diese weitgehend wirkungslosen Banalitäten-Übermittler, deren Seiten oft nur wenige Hundert Leser haben, ist dagegen die Gruppe der »Non-Personal Blogger«. Die sind inzwischen oft sogar professionell tätig und haben eine stattliche Anzahl renitenter Weltverbesserer in ihren Reihen, deren Einfluss schon mal einen gestandenen Minister das Amt kosten kann, wie die Affären um die gefälschten Doktortitel in Deutschland bewiesen. Nun wollen wir uns nicht unbedingt mit den aufgeflogenen Plagiatoren Karl-Theodor zu Guttenberg oder Annette Schavan solidarisieren. Dass aber irgendwelche verbissenen Rechthaber über Wochen oder Monate hinweg Nacht für Nacht teilweise jahrzehntealte wissenschaftliche Arbeiten sezieren, erscheint uns ebenso unsympathisch wie unlocker. Da gäbe es doch weitaus Wichtigeres, um dass sich die manischen Meinungsmacher zuerst hätten kümmern können.

Auch in diesen Fällen nimmt die öffentliche Diskussion bisweilen eine derartig heftige Eigendynamik an, dass die Ausmaße dem Anlass nun wirklich nicht mehr angemessen sind. Natürlich war der oberfränkische Polit-Baron zum Beispiel vielleicht ein bisschen zu aufgeblasen in seiner Gesamtinszenierung. Trotzdem hat der Mann nicht etwa lebende Kinder aufgegessen, wie man zu Spitzenzeiten der Auseinandersetzung den Eindruck haben konnte. Egal ob Shitstorm oder »Guttenplag«: Die so sonderbare wie verlässliche Heftigkeit jener Debatten ähnelt der Chaostheorie, wonach jeder Flügelschlag eines Schmetterlings einen Orkan auslösen kann. Und so können wir auch weiterhin davon ausgehen, dass bei jedem noch so harmlosen verbalen Ausrutscher, dem kleinsten Verdacht auf unmenschliche Arbeitsbedingungen in asiatischen Textilfabriken oder Verwendung vorhandener Dissertationspassagen ein verbitterter Online-Ingrimm auf öffentliche Personen, Unternehmen oder Politiker losbricht, als stünde der Untergang des Abendlandes oder zumindest das Ende der zivilisierten Gesellschaft unmittelbar bevor.

Wenigstens müssen sich die mal mehr, mal weniger bedauernswerten Opfer eines Shitstorms nicht um die Beseitigung physischer Schäden kümmern. Das bleibt denjenigen vorbehalten, die eigentlich nur ein paar Freunde online zu einer launigen Grillfeier einladen wollten – und plötzlich einer unkontrollierbaren Menschenmenge und später einem Dutzend Polizeibeamten gegenüberstanden. Okay, wir waren in unserer Teenagerzeit auch nicht überall ausdrücklich willkommen, wo wir am Wochenende mit unseren Kumpels im Schlepptau auftauchten. Aber außer dem einen Mal, als wir nach einer zimmerwarmen Flasche Martini Bianco auf ex die Gästetoilette bei Professor Wirzenbrink vollkübelten, weil wir vorher Julia mit ihrem neuen Freund herumknutschen sahen (weswegen wir auch nicht eingeladen waren), haben wir uns immer einigermaßen anständig benommen.

Es war im Juni 2011, als in unseren Medien das erste Mal die Rede von einer außer Kontrolle geratenen privaten, sogenannten Facebook-Party war.

> **Status**
>
> **Thessa** 6 T.
> Ich feier am 03.06. in meinen Geburtstag rein.
> Kommen kann, wer will, aber bitte vorher Bescheid sagen

schrieb die 16-jährige Thessa aus dem Hamburger Stadtteil Bramfeld auf ihrer Seite. Vorher Bescheid sagten ihr dann knapp 15 000 Nutzer, schlussendlich drängten sich zwischen Geranienbeete und Petunienhecken rund 1600 ungebetene Gäste, die sich aus Langeweile, Neugier, Spaß, Voyeurismus oder einer Mischung aus all dem in der beschaulichen Reihenhaussiedlung ordentlich einen hinter die Binde kippten. Aber auch mit ein paar Besuchern weniger kann eine als kleiner Umtrunk geplante Teenie-Fete schnell zum Festival für Vandalen werden: Im bayerischen Waakirchen richteten knapp 150 Jugendliche derart heftige Verwüstungen im Haus einer dreiköpfigen Familie an, dass selbst die örtliche Polizei staunen musste! Nicht nur, dass den Eltern und der 16-jährigen Gastgeberin Mobiliar und Wertgegenstände für 5000 Euro geklaut wurden. Herausgerissene Türstöcke, zertrümmerte Stühle und Tische sowie ein paar mit Farbe verschmierte Wände schlugen mit 50 000 Euro zu Buche. Beide Mädchen hatten den Fehler begangen, ihre Partys zu annoncieren, ohne zuvor die bescheuert komplizierte Facebook-Einstellung

Nur für eingeladene Gäste

angeklickt und gleichzeitig die Funktion

Gäste können Freunde einladen

deaktiviert zu haben. Da aber muss man erst mal drauf kommen – genauso wie darauf, sich überhaupt zu solchen Veranstaltungen zu begeben, obwohl man den Gastgeber gar nicht kennt! Manchen Deppen freilich kann man keine Fahrlässigkeit mehr unterstellen: Ein Spaßvogel aus Schleswig etwa startete nach der Trennung von seiner Freundin auf Facebook einen Aufruf, ihm auf Sylt über den Seelenschmerz hinwegzuhelfen. 13 000 Menschen stürmten daraufhin die Edel-Insel. Ein paar Stunden, 30 Sachbeschädigungen und 14 Festnahmen später hatte der Organisator dann Schulden in Höhe von 20 000 Euro. So viel forderte die Gemeinde von ihm für die Kosten des etwas außer Kontrolle geratenen bunten Netzwerk-Abends. In Magdeburg zahlt derweil ein ähnlich weitsichtiger Witzbold die nächsten Jahre das Zehnfache ab, weil nach der amtlichen Absage seiner angekündigten Riesen-Sause Hunderte Jugendliche marodierend durch die City zogen.

Rein psychologisch gesehen ist der Wunsch nach derartigen Kollektiverlebnissen etwas ganz Normales! Sonst würden wir uns ja auch nicht alle zwei Jahre mit unzähligen anderen Plastikbechertrinkern in einen überfüllten Biergarten drängen, nur um auf einer schlecht ausgeleuchteten Leinwand unserer Nationalmannschaft beim Kicken zuzuschauen – obwohl es zu Hause vor dem 60 Zoll-Plasmafernseher viel komfortabler wäre. Neu ist in Zeiten der idiotischen sozialen Netzwerke aber, dass auch in diesem Bereich manche Reaktionen einfach um ein Vielfaches exzessiver ausfallen. Die Benachrichtigung ein paar Tausend Gleichgesinnter wäre früher von der einzigen Telefonzelle vor der örtlichen Rockerkneipe aus ziemlich aufwendig gewesen. Doch all die destruktiven Kotzbrocken und überdrehten Affenhirne, die ihr Vergnügen schon immer daraus zogen, den unbefangenen Spaß der anderen kaputt zu machen, brauchen jetzt nur Samstag für Samstag bequem am PC die Liste ihrer »Freunde« durchzustöbern. Irgendwo findet sich bestimmt einer, der in seinen Privatsphäre-Einstellungen ein kleines Häkchen vergessen hat!

Letzte Ruhe Datenfriedhof

Wie das digitale Erbe noch für Probleme über den Tod hinaus sorgt

Die Testamentseröffnung von Onkel Herbert war eine traurige Angelegenheit. Nicht weil er mit immerhin 83 Jahren seinen bis ins hohe Alter aufrechterhaltenen Vorlieben für »Lord Extra« und »Racke Rauchzart« Tribut zollen musste. Sondern weil vom einstmals stattlichen Vermögen des früher selbstständigen und später zunehmend dementen Kaufmanns nach jahrelanger Pflegestufe drei nicht mehr allzu viel übrig geblieben war! Tante Anni bekam zwar wie erwartet als Ehefrau die lange abbezahlte Drei-Zimmer-Altbauwohnung und ein Raiffeisen-Sparbuch mit 11 500 Euro Guthaben. Ansonsten aber hatte Herbert uns allen nichts weiter hinterlassen – außer den Abertausenden Dias natürlich, die laut Testamentsvollstrecker unter den drei Patenkindern aufgeteilt werden sollten, damit wir uns stets an den selbst kinderlos gebliebenen Lieblingsonkel würden erinnern können. So legte er es fest, als er dazu noch in der Lage war. Und so gingen wir drei denn auch nach dem Termin heim mit jeweils zwei schweren Kartons voller Urlaubsbilder aus den Fünfziger- und Sechzigerjahren, die wir ja allesamt schon aus unserer Kindheit kannten und die wir – unser Onkel möge uns das verzeihen – sofort auf den Wertstoffhof brachten. Wir hatten einfach keinen Platz im Keller – und trugen den guten, alten Herbert ja ohnehin in unseren Herzen!

Nicht auszudenken, um was wir uns hätten kümmern müssen, hätte Onkel Herbert all seine Bilder nicht in Pappschachteln, sondern in einem Facebook-Account verstaut. Weil er jedoch sein Lebtag lang nicht einmal eine Filterkaffeemaschine fehlerfrei bedienen konnte, stellte sich für ihn die Frage nach einem derart neumodischem Plunder wie einem Computer oder gar einem Internetanschluss erst gar nicht. Doch die Generation, die ihr gesamtes Leben noch voll und ganz oder zumindest weitestgehend analog geführt hat, wird in absehbarer Zeit leider von der Erdoberfläche verschwunden sein. Zurück bleiben eines nicht zu fernen Tages nur noch jene, die ihr Dasein praktisch von Anfang an mit einer Menge »Freunde«, Online-Providern und Webseitenanbietern geteilt haben.

Darüber aber, welche enormen Herausforderungen das einmal mit sich bringen könnte, machen sich jetzt wahrscheinlich die allerwenigsten Gedanken, die seit einigen Jahren eine private Kleinigkeit nach der anderen posten – und die angesichts einer Wohnung voller Online-Einkäufe und unzähligen Kommentaren zu Gott und der Welt binnen kürzester Zeit mehr Daten von sich in Umlauf bringen, als Herbert das innerhalb mehrerer Jahrzehnte mittels einiger Hundert Rollen Agfa DD bewerkstelligen konnte: Schätzungsweise 600 Gigabyte kommen bei einem durchschnittlichen Facebook-Nutzer bei einer Lebenserwartung von 80 Jahren allein dort irgendwann durch Bilder, Videos und Texte zusammen! Diese Mengen befinden sich freilich auch dann noch irgendwo im irdischen Datenbestand, wenn ihr Erzeuger selbst bereits den Weg in die Ewigkeit antreten musste. Die Facebook-Seite von Yvette Vickers etwa lief – wie wir ja bereits erfahren haben – weiter auf Hochtouren, als der Körper der alten Dame schon den Trockengrad einer Backpflaume erreicht hatte.

Wer sich zu Lebzeiten nicht mehr um die Löschung des Benutzerkontos kümmern kann, weil zum Beispiel ein Herzinfarkt schneller war als die digitale Vernunft, der hat ein echtes Problem! Oder besser gesagt: die Nachkommen haben es. Denn die müssen Facebook, Twitter und Co. den Tod des Account-Inhabers erst mal nachweisen! Das Nutzerkonto kann tatsächlich nur gegen die Vorlage von

Geburts- und Sterbeurkunde abgeschaltet oder in eine Gedenkseite umgewandelt werden. Google verlangt zu allem Überfluss noch die beglaubigte Übersetzung der Dokumente ins Englische. Da ist nur gut, dass die meisten Angehörigen nach einem solchen Schicksalsschlag kaum etwas Besseres zu tun haben dürften, als die Formalitäten der Daten-Giganten zu erfüllen, um nicht weiter Postings zu erhalten wie

> **Status**
>
> > **XXX** 6 T.
> > alles prima in lima! starten gerade in die dritte woche unseres suedamerika-traumurlaubs u haben endlich ein internetcafe gefunden. hoffe, daheim ist alles supi u so sonnig wie hier lg kussi bis bald
> > Link

14 Personen gefällt das – aber denjenigen, die um einen anderen trauern, auf dessen Seite so ein gequirlter Mist einläuft, wahrscheinlich eher nicht.

Weil viele Hinterbliebene mit derartigen Angelegenheiten überfordert sind oder schlichtweg nicht über die Details Bescheid wissen, werden immer mehr Menschen nach ihrem Ableben zu Online-Untoten: Knapp 400 000 Facebook-User sterben jedes Jahr, während die meisten ihrer Konten vital weiterbestehen – oft als sogenannte Gedenkseite, auf deren Pinnwand weiter munter Nachrichten eintrudeln, die per Newsfeed unter Umständen auch noch an alle »Freunde« weitergeleitet werden. Ständig durch Sätze wie

> > **XXX** 4 T.
> > ich werde unsere gemeinsame zeit nie vergessen RIP bine
> > Link

> > **XXX** 3 T.
> > Warum???? Du warst doch noch viel zu jung!!!!
> > Link

an den tödlichen Verkehrsunfall eines 23-Jährigen erinnert zu werden, um den man vielleicht noch intensiv trauert, ist freilich keine besonders erbauliche Vorstellung. Und wenn die letzten geposteten Worte ein zackiges

> **Mia** 13 T.
> F**KT EUCH EY!!bin ich heut megasch** drauf Leute!!
> Link

ist, kann das die stille Würde des Augenblicks ein wenig trüben.

Selbst wenn sich jemand des digitalen Nachlasses erbarmt, gilt es erst einmal herauszufinden, was der Verstorbene überhaupt alles im Web angestellt hat. Einfach ist das nicht: Die meisten Anbieter verweisen auf das Telekommunikationsgeheimnis und verweigern den Zugang zu Mail-Konten und dergleichen. Selbst Facebook wird hier ungewohnt pietätvoll und gibt keinerlei Daten Toter an Dritte weiter. Dadurch können nicht einmal die engsten Angehörigen sehen, mit wem der Dahingeschiedene zuletzt gechattet oder sonstige Nettigkeiten ausgetauscht hat. Mag sein, dass so immerhin der einen oder anderen trauernden Witwe die Erkenntnis erspart bleibt, dass ihr im Außendienst tätiger Ehemann in jedem seiner Zuständigkeitsbereiche eine dralle Brünette als Dienstreisebegleitung unterhielt und die jeweiligen Beischlaftermine über seinen Account koordinierte. Andererseits bleibt eventuell eine latente Ungewissheit, nicht alles über einen nahestehenden Menschen gewusst zu haben, was auch nicht besonders schön ist!

Dabei kann man noch von Glück reden, wenn der Verblichene nicht etwa kurz vor knapp noch ein paar schöne Knebelverträge im Internet abgeschlossen hat. Die gehen schließlich ebenfalls auf den oder die Erben über – so wie alle anderen Online-Kontrakte auch. Abos, Mail-Zugänge oder andere Dienstleistungen müssen bezahlt werden, solange sie keiner gekündigt hat. Und wenn etwa die alleinstehende Tante mit dem Asien-Faible kurz vor dem Ablauf ihrer eigenen Frist noch ein letztes Schnäppchen bei eBay gemacht und eine eineinhalb Meter hohe Buddha-Statue für den nach Feng-Shui-Kriterien angelegten Steingarten ersteigert haben sollte, dann müssen ihre Erben das Ding tatsächlich abnehmen, wenn der Verkäufer darauf besteht – auch wenn die Tante in der Zwischenzeit auf dem Waldfriedhof liegt und in ihrem Garten schon die Bagger stehen.

Klar, dass längst auch aus dieser Eigenartigkeit des Digitalzeitalters ein ordentliches Geschäft gemacht wird: Virtuelle Nachlassverwaltungen, die sich schon zu Lebzeiten um eine vermeintlich sichere Passwortverwaltung und posthum um den vertraulichen Umgang mit unseren Daten kümmern, sind mit bis zu fünf Euro pro Monat tödlich teuer, boomen gerade aber ohne Ende! Auch Google hat seit Neuestem eine Testament-Funktion namens »Afterlife« im Angebot, über die ein Anwender von Google Plus oder der Inhaber eines Youtube-Kontos einen Angehörigen oder Bekannten bestimmen darf, der als legitimer Daten-Erbe für den angesammelten Schwachsinn aus mehreren Jahrzehnten Online-Eifer infrage kommt. Außerdem kann man darin verfügen, dass die eigenen Daten automatisch nach sechs oder zwölf Monaten ohne eigene Aktivitäten gelöscht werden. Um herauszufinden, ob derjenige auch wirklich tot und nicht nur offline ist, schickt Google zur Sicherheit noch eine sicher sehr pietätvolle SMS.

Auch nach der digitalen Bestattung ist die Kreativität derer, die sich auf die Kosten der Toten ihre Taschen vollstopfen wollen, noch nicht erschöpft: Auf Portalen wie Trauer.de oder Stayalive können Verwandte und Bekannte ein Profil des Verstorbenen anlegen und auf Knopfdruck ihr Beileid aussprechen. Die englische Werbeagentur Lean Mean Fighting Machine geht sogar noch einen Schritt weiter und bietet in Kürze unter dem Slogan »When your Heart stops beating, you'll keep tweeting« einen Dienst an, der es ermöglicht, auch nach dem eigenen Dahinscheiden zumindest noch regelmäßig zu twittern. Funktionieren soll das über einen virtuellen Zwilling, der das Profil des Verstorbenen genauestens analysiert hat – und anhand dessen Tweet-Gewohnheiten weiterhin in seinem Sinne Nachrichten an die Follower verschickt. Was uns eiskalte Schauer den Rücken herunterlaufen lässt, könnte zumindest für Boris Becker in 40, 50 Jahren ein tröstlicher Gedanke sein, wenn er von seiner Cloud herunterschaut!

Vielleicht bewahrheitet sich ja angesichts all dessen am Ende wirklich die Vision des Zukunftsforschers Ian Pearson, der für das Jahr 2050 eine »digitale Unsterblichkeit« prophezeit, weil es seiner Ansicht nach spätestens dann möglich sein wird, den Geist eines Menschen auf eine Maschine zu laden und so zumindest seine Gedanken und sein Wesen zu konservieren. Bevor wir uns aber darauf verlassen, dass ein Automat für uns die Angelegenheiten übernimmt, die wir selbst nicht mehr regeln konnten, müssen wir selbst tätig werden.

Es reicht!

Wir haben festgestellt, dass wir nicht einmal durch ein durchaus einschneidendes Ereignis wie den Tod aus dieser ganzen Netzwerk-Nummer rauskommen! Um unseren Account und damit weite Teile unseres digitalen Ichs wieder zu eliminieren, sollten wir demnach am besten noch unter den Lebenden weilen. In diesem Fall ist eine Flucht aus Facebook zwar mit einigem Aufwand verbunden, aber sie ist immerhin möglich. Also haben wir uns nach reiflicher Überlegung und unter Abwägung aller Argumente entschlossen, das soziale Netzwerk wieder zu verlassen, bevor es wirklich zu spät ist! Julia Wirzenbrink, den einzig wahren Grund unserer Anmeldung, konnten wir leider nicht erobern – auch wenn wir sie an privaten Dingen teilhaben ließen, die uns wirklich am Herzen lagen; verbunden mit der stillen Hoffnung, sie würde sich ebenso wehmütig an früher zurückerinnern wie wir und noch einmal auf uns aufmerksam werden wie damals, als wir ihr stotternd und knallrot auf der Jahrgangsstufenfeier gegenüberstanden.

Aber die Zeiten haben sich geändert: Wir durften uns zwar zu ihren »Freunden« zählen wie rund 400 andere auch. Anstatt sich aber nur ansatzweise für uns zu interessieren, das eine oder andere Mal nachzufragen und Anteil an unserem echten Leben zu nehmen wie bei einem wahren Freund eigentlich üblich, nahm sie unsere persönlichen Botschaften kommentarlos entgegen. Dafür teilte sie uns und allen anderen jeden noch so langweiligen Kleinscheiß aus ihrer beschämend banalen Beziehung mit Fitness-Rolf mit, stellte Fotos von sich, Videos von Ingo Appelt oder Höschenblitzer von Miley Cyrus online und führte Monologe über das Aussehen ihres Sojasprossensalates. Das aber wollen wir uns nicht länger antun. Wir haben in den letzten Monaten schon zu viel Zeit auf Facebook verbracht – und währenddessen offenbar bereits einen gewissen Realitätsverlust erlitten. Immerhin glaubten wir wirklich einen Moment lang, wir könnten Julia durch ein paar nette Postings zurückgewinnen.

Bevor wir also weiterhin einem – wenn auch sehr hübschen – Phantom hinterherjagen und irgendwann zum Stalker und Soziopathen mutieren, adipös oder aggressiv werden oder gar so enden wie Miss Vickers, machen wir uns im Einstellungsmenü unter dem Punkt »Sicherheit« auf die Suche nach der Möglichkeit »Deaktiviere dein Konto«. Doch so leicht will sich Mister Zuckerberg offenbar nicht geschlagen geben. Um in letzter Sekunde zu verhindern, dass wir uns vorschnell aus seinem Netzwerk-Imperium verabschieden, nur weil keine Sau auf unsere Balzversuche eingestiegen ist, bietet uns Facebook gewissermaßen einen Ausstieg auf Probe an. Diese Exit-Strategie ähnelt ein bisschen der umstrittenen Methode des kontrollierten Trinkens bei einem Gamma-Alkoholiker – und nennt sich hier »Stilllegung«. Sie bedeutet, dass alles, was wir seit dem unseligen Tag unserer Anmeldung eingestellt haben, für andere Nutzer unsichtbar wird. Unsere »Freunde« finden unsere Seite dann ebenso nicht mehr wie Google oder andere Suchmaschinen. Die Verantwortlichen hoffen offenbar, durch diesen Zwischenschritt eventuell kurzzeitig verärgerte Mitglieder doch noch besänftigen und am Ende behalten zu können – und drücken deshalb gleich mal auf die Tränendrüse: Bevor wir Facebook auf Zeit verlassen dürfen, sehen wir fünf willkürlich ausgewählte »Freunde« aus unserer Kontaktliste, denen wir angeblich fehlen werden:

Thomas P	11 T.
Thomas P. wird dich vermissen	
Link	
Oliver Sensenbrink	10 T.
Oliver Sensenbrink wird dich vermissen	
Link	
Lady Lulu	10 T.
Lady Lulu wird dich vermissen	
Link	
Angela Merkel	10 T.
Angela Merkel wird dich vermissen	
Link	
Julia Wirzenbrink	7 T.
Julia Wirzenbrink wird dich vermissen	
Link	

steht dort samt des Profilfotos der Hinterbliebenen – und der Möglichkeit, ihnen noch eine Nachricht zukommen zu lassen. Da wir Thomas P. und Oliver Sensenbrink ohnehin am kommenden Wochenende im Stadion sehen werden, können wir uns die Mitteilung in diesen Fällen schenken. Lady Lulu ist einer jener gewerblich tätigen Kontakte, auf die wir in unseren Anfangstagen hereingefallen sind – und die wir wohl vergessen haben, aus unserer Freundesliste wieder zu entfernen. Im Fall von Angela Merkel, die wir einst geliked haben, um zu sehen, ob das wirklich funktioniert, ist es uns wurscht. Aber verdammt noch mal, warum taucht ausgerechnet Julia Wirzenbrink in der Leiste auf? Am Ende wäre vielleicht doch was mit ihr gegangen. Sollten wir uns diesen Schritt nicht noch einmal ausführlich überlegen?

Über diese emotionale Unzulänglichkeit hilft uns ein Gedanke hinweg: Selbst wenn wir mit Julia irgendwann zusammenkommen würden – wollen wir wirklich eine Freundin haben, die nach unseren Schätzungen mindestens den halben Tag in ihrem Facebook-Account verbringt? Die ständig neue Rekorde bei »Farmville« auf- und jedes einzelne Abendessen einstellt? Die den Grundriss ihrer Wohnung ebenso öffentlich macht wie die 360-Grad-Ansichten ihres Körpers am Strand von Fuerteventura? Und die in ihrer umfangreichen Freundesliste Menschen vereinigt, deren bloßer Anblick bei uns einen starken Brechreiz auszulösen vermag?

Nein, das wollen wir nicht!

Und so widerstehen wir dieser cleveren psychologischen Kriegsführung des findigen Facebook-Algorithmus und brauchen vor dem vorübergehenden Abgang nur noch eine einzige Frage nach dem Grund zu beantworten. Zwar ist das Unternehmen hier ungewohnt selbstkritisch und bietet uns Optionen an wie

Warum willst du Facebook verlassen?

- Ich fühle mich auf Facebook nicht mehr sicher
- Ich finde nicht, dass Facebook nützlich ist
- Ich sorge mich um den Schutz meiner Privatsphäre

Unsere bevorzugte Antwortmöglichkeit

- Facebook geht mir tierisch auf den Sack, weil ich vor lauter idiotischen Nachrichten, abstoßenden Babyfotos und kommerziellem Werbe-Scheißdreck zu nichts anderem mehr komme und bei Julia Wirzenbrink sowieso nicht landen kann

fehlt jedoch leider in der Liste. Zur Sicherheit klicken wir dafür den Punkt

> ☑ **Ich möchte in Zukunft keine E-Mails mehr von Facebook erhalten**

an, mit dem wir uns das im Abstand von einigen Tagen in unserem Mail-Postfach eintreffende Genöle ersparen, wann wir denn nun endlich wieder in den Schoß der Milliardenfamilie zurückkehren. Das werden wir nämlich nicht.

Und nach ein paar Wochen virtueller Abstinenz stellen wir wirklich fest, dass man seine Zeit auch sinnvoller nutzen kann als minutenlang eine Timeline herunterzuscrollen oder dutzendweise Freundschaftsanfragen abzulehnen: Wir gehen wieder mehr an die frische Luft und treffen ein paar nette Leute. Wir beschränken unsere digitale Präsenz auf den unvermeidlichen Computer in der Arbeit, ein bisschen googeln und das Smartphone. Das ist ohnehin schon genug! Wir entscheiden uns für einen vollständigen Abschied bei Facebook. Der wird dann doch noch mal kompliziert: Erst müssen wir uns durch das Menü »Hilfe« navigieren, dann nochmals den Quatsch mit der Stilllegung umschiffen, einige richtige Häkchen setzen und Bestätigungen eingeben, bevor ganz am Ende eines anstrengenden Weges die Frage aller Fragen kommt:

> **Du bist kurz davor, Dein Konto zu löschen. Bist Du sicher?**

Wir sind sicher und geben mit zittrigen Fingern unser Passwort ein. Und dann sind wir draußen!

Zumindest fast.

Wie wir herausfinden, passiert innerhalb der nächsten zwei Wochen mit unserem Konto erst mal – gar nichts! Hätten wir uns aus Versehen oder purer Gewohnheit in diesem Zeitraum wieder eingeloggt, ginge Facebook von einer kurzfristigen geistigen Umnachtung unsererseits aus und widerriefe kurzerhand alle Eingaben, die wir zuvor gemacht haben, als wäre nichts passiert. Erst wenn wir nach 14 Tagen nichts mehr von uns hören lassen, gilt die Löschung.

Zumindest fast.

Innerhalb der nächsten 90 Tage passiert mit unserem Konto – auch wieder nichts! Die Daten bleiben drei Monate allesamt bestehen, aus Sicherheitsgründen, wie es heißt. Erst danach haben wir uns endgültig aus den Klauen des Zuckerberg-Syndikats befreit.

Zumindest fast.

Ein 149-seitiger Bericht der irischen Datenschutzbehörde aus dem Jahr 2011 konnte erstmals nachweisen, dass ein stattlicher Anteil dessen, was wir im Laufe unseres Netzwerk-Lebens eingestellt haben, offenbar für immer und ewig auf den Servern des Konzerns erhalten bleibt. Was genau von uns auf den europäischen Facebook-Festplatten in Dublin lagert, das verrät das Unternehmen natürlich nicht. Die von einem Wiener Studenten ins Leben gerufene Initiative »Europe vs. Facebook« jedenfalls deckte auf, dass unsere schönen Daten dort in mindestens 57 Kategorien unterteilt werden, wahrscheinlich aber noch viel mehr. So viele verschiedene Eigenschaften hätten wir uns nicht einmal selbst zugetraut!

Doch was und wie viel auch immer es sein mag – es ist uns eigentlich egal! Sollen sie mit den ganzen Informationen über uns doch machen, was sie wollen. Sollen Sie Bewegungs- und Benutzerprofile von uns anstellen und uns mit zielgruppengerechter Werbung bombardieren, sollen sie all unsere getätigten Likes, Mails und Tweets analysieren und unser künftiges Verhalten berechnen. Es liegt an uns, das Smartphone und das Tablet mal auf die Seite zu legen und den Computer herunterzufahren.

Und einfach mal abzuschalten.

Wussten Sie, dass ...

- man mit zugehaltener Nase nicht summen kann.
- Kellnerinnen in der Woche, in der sie ihren Eisprung haben, mehr Trinkgeld als sonst erhalten.
- Ameisen immer nach rechts umfallen, wenn sie vergiftet werden.

208 Seiten
Preis: 8,99 €
ISBN 978-3-86883-201-3

Pulpmedia
NUTELLA HAT LICHTSCHUTZFAKTOR 9,7
Die volle Dosis unnützes Wissen

Diese und über 2000 weitere unglaubliche, spannende und skurrile Fakten aus allen Bereichen des Lebens beinhaltet dieses Buch. Zusammengestellt wurden sie auf der großen Facebook-Seite »Unnützes Wissen«, die täglich Tausende Fans begeistert.

Wussten Sie, dass ...

- sich männliche Fruchtfliegen mit Alkohol betrinken, wenn sie keinen Sex bekommen?
- der Vollmond neunmal so hell ist wie der Halbmond?
- das russische Pendant zu Max Mustermann Iwan Iwanowitsch Iwanow heißt?

224 Seiten
Preis: 8,99 €
ISBN 978-3-86883-244-0

Pulpmedia
DIE FREIHEITSSTATUE HAT SCHUHGRÖSSE 1200
Die neue Dosis unnützes Wissen

Diese und weitere unglaubliche, spannende und skurrile Fakten aus allen Bereichen des Lebens beinhaltet dieses Buch. Zusammengestellt wurden sie auf der großen Facebook-Seite »Unnützes Wissen«, die täglich Tausende Fans begeistert.

96 Seiten
Preis: 14,99 €
ISBN 978-3-86883-336-2

Auch als **E-Book** erhältlich

Andreas Höck
DAS BUCH DER LEGENDÄREN PANINI-BILDER

Wer von uns besaß in jüngeren Jahren nicht auch ein Sammelalbum – und hat vor jeder neuen Bundesliga-Saison dieses aufregende Szenario durchlebt: vom hektischen Aufreißen der Papiertütchen über das gespannte Sichten der Sticker bis hin zur großen Freude, wenn endlich auch die letzte Mannschaft komplett war. Panini-Alben sind einfach Kult!

Dieses Buch vereint erstmalig die legendärsten Bilder aus über vier Jahrzehnten Sammelleidenschaft – und zeigt die furchtbarsten Frisuren, die populärsten Publikumslieblinge oder die trostlosesten Transferflops. Zum Blättern, Erinnern, Lachen und Wiederentdecken. Außerdem bietet es spannende Geschichten und witzige Anekdoten zu jedem Sticker. Ein Muss für alle Fußballfans!